BÄDER

BÄDER

Schöne Ideen rund ums Bad

MARC KITCHEN-SMITH

FÜR SIE

Inhalt

Einführung 6

Wände 10

Bodenbeläge 12

Beleuchtung 14

Traditionell 16

Landhaus 26

City 36

Minimalismus 46

Shaker 56

Global 66

Aufmessen 76

Bezugsquellennachweis 78

Index 80

Traditionell

Landhaus

City

Ob groß oder klein, im Badezimmer beginnen alle Mitglieder eines Haushaltes ihren Tag, sei es in Form eines langen genußvollen Bades oder einer schnellen erfrischenden Dusche. Es ist der Ort, an dem die meisten Menschen ihren Tag direkt nach dem Aufstehen anfangen und an dem sie ihn beenden, bevor sie wieder zu Bett gehen. Es ist auch der Ort, an dem die meisten Menschen gerne mal die Tür abschließen, all ihre Sorgen aussperren, Luft holen und sich entspannen wollen. Es ist ein sehr persönlicher Raum, in dem es nicht nur erlaubt, sondern sogar erwünscht ist, sich selbst zu verwöhnen. Nichts anderes zählt dort mehr außer den Schaumblasen in der Badewanne, der dampfenden Atmosphäre, die voll von den berauschenden Düften aus all den Fläschchen mit Badeölen und Essenzen ist, die Sie in einem Moment der Extravaganz gekauft haben. Es ist kein Raum zum hastigen Hinein- und Hinauseilen, sondern ein Platz, an dem Verweilen und Genießen an erster Stelle stehen.

Einführung

Einige Menschen haben Glück und besitzen ein großes Badezimmer, aber in den meisten Fällen ist das Bad der kleinste Raum im Haus, und das bedeutet oft „winzig". Das heißt aber nicht, daß dieses Zimmer nicht wichtig ist. Das Gegenteil ist der Fall. Ein Raum, der soviel persönlicher Entspannung und körperlichem Wohlbefinden gewidmet ist, spielt eine enorm wichtige Rolle im Leben eines Menschen. Wie Sie ihn einrichten, ist daher von großer Bedeutung.

MACHEN SIE DAS BESTE DRAUS
Die meisten Menschen können sich den Luxus nicht erlauben, ihr Badezimmer von Null auf selbst zu gestalten. Sie ziehen in ihr neues Haus und müssen entweder aus finanziellen Gründen oder aus Zeitdruck mit den bereits vorhandenen Armaturen und Einbauten auskommen, und wenn auch nur für eine kurze Zeit. Da das Bad kein allzu öffentlicher Raum ist und selten von Leuten betreten wird, die nicht dem engen Familien - und Bekanntenkreis angehören, wird es meist ans Ende der Liste der zu

Minimalismus

Shaker

Global

renovierenden Zimmer gestellt. Selbst wenn dies der Fall ist, gibt es immer noch viele Dinge, die Sie tun können, um dem Raum Ihre persönliche Note zu verleihen. Sie können zum Beispiel die Wände neu streichen oder einen neuen Fußboden verlegen. Wenn das nicht geht, können Sie immer noch eine Menge durch kleine - und nicht einmal kostspielige - Dinge erreichen, wie z.B. Bilder oder Spiegel aufzuhängen oder Topfpflanzen und Blumensträuße zu plazieren.

GANZ NEU ANFANGEN

Wenn Sie zu den Glücklichen zählen, die ganz neu anfangen können, dann gibt es keine Grenzen Ihrer Möglichkeiten. Die erste Entscheidung, die Ihnen bevorsteht, ist die der Farbzusammenstellung und des Stils. Und das ist oft leichter gesagt als getan.

Der Weg, den wir Ihnen in diesem Buch vorstellen, ist zugleich der einfachste: Entscheiden Sie sich für einen bestimmten Stil. Das wird Ihnen Richtlinien in Bezug auf Farben, Böden, Beleuchtung und Accessoires geben, die Sie innerhalb dieses Stils auswählen sollten.

In „Bäder" stellen wir Ihnen sechs verschiedene Stilrichtungen vor. Diesen haben wir die Namen „Traditionell", „Landhaus", „City", „Minimalismus", „Shaker" und „Global" gegeben.

TRADITIONELL

Bis ins späte 19. Jahrhundert hinein existierte das Badezimmer nicht als Raum an sich. Bis dahin hatten sich die Menschen mit einer tragbaren Badewanne begnügt, die vor dem Küchenfeuer gefüllt wurde, mit einem Wasserkrug und einer Schüssel auf einem Waschtisch aus Marmor im Schlafzimmer und einer Außentoilette in einem kleinen

Häuschen am anderen Ende des Gartens. Erst ab 1870 war es üblich, Häuser mit Wasserleitungen auszustatten und die ersten Wohnungen erhielten ein separates Badezimmer.

Das traditionell gestaltete Bad wird inspiriert von verschiedenen Einflüssen, einschließlich der Romantik der viktorianischen Zeit oder dem Pragmatismus der edwardianischen Ära. Das Ergebnis ist ein nostalgisch angehauchtes Badezimmer, das besonders gut mit einer Wohnung im selben Stil harmoniert, in der ein modernes, spartanisches Bad recht unpassend wäre.

Das traditionelle Badezimmer ist üppig mit Bronze, Mahagoni und Kacheln ausgestattet. Es ist ein reichhaltiger, dekorativer Stil, zur gleichen Zeit elegant und komfortabel. Es ist ein Bad zum Genießen und Schwelgen in Luxus.

LANDHAUS

Das Badezimmer ist ein gemütlicher kleiner Raum unter dem Dach, mit einer niedrigen Decke und charmanten kleinen Gaubenfenstern. Altmodische Armaturen wechseln sich mit zarten Blumenmustern und gedeckten Pastelltönen ab. Diese Stilrichtung eignet sich besonders gut für kleine Räume, deren geringe Abmessungen Ihnen helfen werden, diese warme, intime Atmosphäre zu erzeugen.

Dies ist ein Badezimmer, das sich leicht mit geringem Kostenaufwand einrichten läßt. Obwohl es ein so romantisches, ländliches Flair hat, kann es trotzdem ebenso gut in eine Stadtwohnung wie in ein Häuschen auf dem Land passen.

Bringen Sie den Touch des Ländlichen in Ihr Haus, indem Sie Blütenmuster, Pflanzen und Blumen einsetzen. All das wird Ihnen helfen, dieses zeitlose Flair zu erzielen, das seine Details nonchalant herunterspielt anstatt sie lauthals zu präsentieren. Der gemütliche Charme dieses Stils ist das genaue Gegenteil des eher üppigen traditionellen Stils.

CITY

Das ist die modernste und wahrscheinlich interessanteste Stilrichtung, die wir hier präsentieren. Dieser Stil benutzt in frischen, ungewöhnlichen Kombinationen klare Materialien wie Glas, Marmor, Chrom und Stahl gemischt mit moderner Architektur und schickem industriellem Design.

Dieser moderne Look ist besonders gut für Bäder geeignet, in denen viel Bewegungsspielraum erwünscht ist. Er bietet ausgefeilte Lösungen für dieses Problem. Dies ist ein Bad, in dem High-Tech auf das Sanfte und Subtile trifft, und das Resultat ist verblüffend einfach und erfrischend.

Es ist ein leichter, luftiger Look, in dem Klasse das ultimative Ziel ist. Ein modernes Badezimmer zu gestalten, das wirklich praktisch ist, ist bei weitem nicht so einfach, wie es sich anhört. Es ist ein herausfordernder und kreativer Prozeß, der nur erfolgreich sein kann, wenn man die Einbauten, Armaturen und Details gewissenhaft auswählt.

Lassen Sie sich jedoch von dieser Herausforderung nicht abschrecken, sondern nehmen Sie diese an: Das Resultat ist aufregend und erfrischend zugleich.

MINIMALISMUS

Zuwenig Platz ist ein so weitverbreitetes Problem in modernen Wohnungen, daß einfach gute Lösungen gefunden werden müssen, ganz besonders im Badezimmer, das oft der kleinste Raum im Haus ist. Dieser Stil packt das Problem direkt an den Hörnern, bietet viele platzsparende Tricks, Materialien und Einbauten an.

Der Trick mit dem kleinen Badezimmer ist, nicht so sehr daran zu denken, wie schrecklich klein es ist. Betrachten Sie es eher als intim und bezaubernd, als den ultimativen Rückzugsort, an dem Sie Ihre Zeit gerne verbringen. Farben und Licht sind dabei das Wichtigste. Dadurch lassen Sie den Raum so groß wirken, wie es nur irgend geht, obwohl er es eigentlich ja nicht ist.

Nur weil ein Raum klein ist, heißt das nicht, daß Sie keine Sorgfalt bei den Accessoires walten lassen müssen, eher im Gegenteil. Je kleiner der Raum ist, desto größere Bedeutung haben die Details, da sie um so

mehr auffallen. Verbannen Sie alles Überflüssige, durchfluten Sie den Raum mit Licht, und Sie haben es schon fast geschafft.

SHAKER

Der Shaker-Stil basiert auf dem Aussehen der Häuser und dem Lebensstil der Shaker, einer amerikanischen Religionsgemeinschaft, die um 1780 gegründet wurde. Die Shaker entsagten der Außenwelt und lebten ein einfaches, wohlgeordnetes Leben, wobei jeglicher Besitz Allgemeineigentum war

und auch alle Arbeiten von der Gemeinschaft erledigt wurden.

Sie glaubten an das Praktische und Einfache, pflanzten und bauten alles selber, inklusive ihrer Häuser und Möbel, wobei alles frei von überflüssigen Details und unnötigen Verzierungen war. Ihre Heime waren daher durch starke Einfachheit und wunderbare Handwerksarbeiten geprägt.

Es ist nicht nötig, beim Nachahmen des Shaker-Stils, jede einzelne ihrer Regeln zu befolgen. Es genügt vollkommen, das Grundprinzip einzuhalten.

Weiße Wände, einfaches Holz und nichts Überflüssiges sind die Grundlagen. Fügen Sie eine Auswahl von einfachen, aber handwerklich schön hergestellten Möbelstücken hinzu. Die üblichen Badezimmerartikel verstauen Sie in schön gearbeiteten Kisten und Körben, und der Look ist komplett.

GLOBAL

Reisen in die ganze Welt sind heutzutage etwas ganz Alltägliches, mit dem Ergebnis, daß dieser beliebte Stil nicht nur attraktiv, sondern auch leicht zu bewerkstelligen ist. Er profitiert vom Reichtum der Kulturen der Welt. Mit etwas Vorstellungskraft ist es möglich, eine so inspirierende Umgebung zu schaffen, daß Sie in Ihrer Phantasie während eines heißen, dampfenden Bades an diese exotischen Strände reisen können.

Die richtige Farbauswahl ist für diesen Stil entscheidend. Durch die entsprechenden Farben können Sie bei diesem Stil einen Hauch von mediterranem, karibischen oder fernöstlichen Flair herbeizaubern. Mutige und kraftvolle Farben sind hier angesagt, mit denen Sie einen deutlichen Akzent auf ferne Länder setzen. Suchen Sie in Secondhand- oder Dritte-Welt-Läden nach entsprechenden Möbeln und Accessoires, und ergänzen Sie Pflanzen und Potpourris.

Wände

Eine Generation vor uns war das Badezimmer ein strikter Nutzraum. Heute ist es ein Ort der Entspannung und des genüßlichen Selbst-Verwöhnens, in dem wir schwelgen und verweilen.

Die meisten können es sich nicht erlauben, ihr Badezimmer aus dem Nichts zu entwerfen. Normalerweise ist auch nicht genug Platz für Möbel vorhanden, aber mit etwas Phantasie kann man um die vorhandene Badewanne, das Waschbecken und das WC herumarbeiten und einen Raum schaffen, der praktisch und komfortabel ist. Indem Sie z.B. die Wände verändern, können Sie den Blick von etwas, das Ihnen nicht gefällt, ablenken oder etwas besonders betonen.

KACHELN

Was immer Sie als Wandverkleidung auch auswählen, es muß hygienisch und einfach zu säubern sein, sowie der ständigen Nässe und Kondensation widerstehen. Keramikfliesen sind die traditionelle Lösung. Der Fachhandel hat eine große Auswahl an verschiedenen Oberflächen, geometrischen Formen, Farben und Größen. Es gibt Schmuckdesigns, Bordüren, Rundbogenkacheln, Glasmosaiken oder Spiegelkacheln.

Lange Zeit war es sehr beliebt, Badezimmer vom Boden bis zur Decke zu kacheln, aber das kann klinisch und steril wirken. Zudem kann es auch sehr teuer werden. Versuchen Sie, nur den unteren Teil der Wände oder die Spritzzone hinter dem Waschbecken, der Dusche und der Badewanne zu kacheln. Regelmäßig eingefügte Mosaikkacheln lockern eine großflächig gekachelte Wand auf, und einfarbige Kacheln erhalten Highlights durch ein andersfarbiges Fries oder eine gemusterte Bordüre. Die Krönung könnten z.B. auch einige Reihen bunter Mosaikkacheln sein.

links Mosaikkacheln sind ausgezeichnet für Badezimmerwände geeignet. Aus vielen kleinen Kacheln zusammengesetzt erwecken sie den Eindruck von mehr Geräumigkeit. Sie können einfarbig oder bunt sein, je nach dem gewünschten Gesamteindruck.

rechts Die meisten Badezimmer sind heutzutage bereits gekachelt und die Auswahl in Baumärkten und im Einzelhandel ist enorm groß. Kacheln sind einfach zu reinigen, hygienisch und resistent gegen Wasser und Kondensationsfeuchtigkeit im Bad.

Wenn Sie Ihre alten Kacheln nicht ersetzen wollen, versuchen Sie doch, die Farbe des Fugenkitts zu verändern oder die Kacheln mit einer speziellen, wasserfesten Farbe zu überstreichen.

PANEELE

Abhängig von der Höhe der Decke können auch Profilholzbretter benutzt werden, um die ganze Wand oder Teile davon zu verkleiden, was einen wärmeren Eindruck erzeugt als kalte Kacheln. Das Holz kann gestrichen oder gebeizt und dann versiegelt werden. Wenn die Rohre auch noch mit Holz verschalt werden, läßt das den Raum insgesamt runder und harmonischer erscheinen.

TAPETEN

Vinyltapeten werden oft im Badezimmer verwendet, aber sie müssen so geklebt werden, daß Kondensation keine Chancen hat,

unter die Ränder zu kriechen. Jede Art von Tapete kann benutzt werden, solange sie mit einer wasserfesten Farbe oder mit Lack versiegelt wird, die sie vor Nässe und so vor Schimmel oder Ablösung schützen. Die Oberfläche der Wände muß allerdings vollkommen trocken sein, bevor die Tapete geklebt wird, damit keine Feuchtigkeit hinter der Tapete eingeschlossen wird.

FARBEN

Am besten streichen Sie Wände und Decken mit einfacher, seidenmatter oder matter Farbe. Sie können diese auch mit Ornamenten oder Mustern verziehen und dann mit Lack versiegeln.

Acrylfarben auf Wasserbasis sind besonders empfehlenswert. Sie sind extra für diese besonderen Belastungen hergestellt, sind abwaschbar und enthalten zusätzlich noch einen besonderen Antischimmelwirk-

stoff. Der begrenzte Raum in Badezimmern macht die Wände zu einem perfekten Platz für visuelle Extravaganz. Lassen Sie also ihren künstlerischen Talenten freien Lauf und malen Sie ein italienisches Fresko, eine griechische Säule oder einen tropischen Strand auf Ihre Wand. Jede Wandbemalung kann durch einen Überzug aus einem matten Klarlack wasserfest gemacht werden.

SPRITZZONE

Wenn die Wände tapeziert oder nur gestrichen sind, brauchen Sie einen Spritzschutz um das Waschbecken und die Badewanne, um sie vor Wasser und Seife zu schützen. Anstelle von Kacheln können auch farbige oder gemusterte Plastiklaminat- oder Plexiglasscheiben zurechtgeschnitten und an der Wand befestigt werden.

Die Umgebung der Dusche muß allerdings immer gekachelt werden.

links Mit Profilholzbrettern können Sie die ganzen Wände oder Teile davon verkleiden. Das ergibt einen Paneeleffekt, der einenen wesentlich wärmeren Eindruck macht als Kacheln. Sie können die Wasserrohre in der gleichen Weise verschalen, Sie müssen nur sicherstellen, daß alle Leitungen im Falle eines späteren Lecks wieder erreichbar sind.

rechts Tapeten können im Bad verwendet werden, aber Sie sollten entweder wasserabweisende Vinyltapeten verwenden oder normale Tapeten, die Sie mit wasserfester Farbe oder Lack vor Nässe schützen.

Fußböden

Es gibt drei Hauptfaktoren, die bei der Auswahl des Fußbodens berücksichtigt werden müssen. Er sollte auch für nackte Füße angenehm sein und er muß wasser- und rutschfest sein. Dies gilt besonders dann, wenn Sie kleine Kinder haben.

Verwenden Sie nur Bademetten oder Duschvorlagen mit einer rutschfesten Unterseite, um Unfälle zu vermeiden. Verwenden Sie eventuell auch eine rutschfeste Sicherheitsmatte in der Badewanne.

Der Untergrund sollte eben und wasserdicht sein, bevor Sie einen neuen Fußboden verlegen. Sie werden eventuell als Ausgleich eine Schicht Hartfaser oder Spanplatten unterlegen müssen, bevor Sie den Fußboden fest verlegen und versiegeln.

HOLZ

Holzfußböden sind nicht ideal für ein Familienbadezimmer, aber sie sehen sehr attraktiv aus, besonders in einem dazu passenden Badezimmer-Stil. Sie können abgeschliffen, gebeizt, gestrichen oder als Muster verlegt werden. Das Wichtigste ist jedoch, daß die Bretter und Zwischenräume versiegelt werden, um den Boden völlig wasserdicht zu machen.

links Mosaik-Keramikkacheln eignen sich hervorragend für den Fußboden, allerdings müssen Sie vorher abklären, ob der Untergrund das Gewicht aushält, besonders dann, wenn sich das Badezimmer in den oberen Stockwerken befindet.

rechts Holzfußböden sind wegen der unvermeidlichen Wassermengen nicht immer die beste Wahl für ein Badezimmer, aber sie sind sehr schön, besonders zusammen mit einem entsprechenden Einrichtungsstil. Stellen Sie sicher, daß alle Bretter gut versiegelt sind, um sie wirklich wasserdicht zu machen.

HARTFUSSBÖDEN

Der edle Anblick von Keramik oder Terrakottakacheln, Schiefer oder Marmorplatten verleiht Ihrem Bad eine mediterrane Atmosphäre. Allerdings könnte sich das große Gewicht der Kacheln als problematisch erweisen, es sei denn, der Untergrund ist zuvor entsprechend verstärkt worden.

VINYL

Mit Vinyl kann man einen überzeugenden Kacheleffekt erreichen. Dieses vielseitige Material gibt es in einer großen Auswahl von Oberflächen und Mustern, wie z.B. Ka-

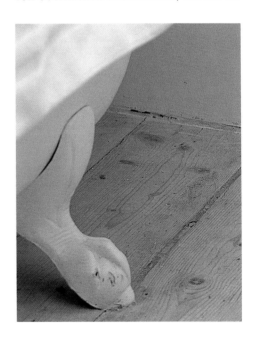

cheln, Marmor, Mosaik und Holzinlays, sowie Aufdrucken von Wiesen oder Steinen.

Selbstklebende Vinylkacheln sind schnell verlegt und können leicht mit einem Teppichmesser geschnitten werden. Meterware ist fugenlos und daher besonders geeignet, sollte allerdings von Profis verlegt werden.

Das andere Extrem, die Noppenoberfläche und die poppigen Farben industrieller Gummifußböden geben Ihrem Bad einen modernen High-Tech-Look.

LINOLEUM

Das ist der gebräuchlichste Fußboden für Badezimmer und heutzutage in einer erstaunlichen Auswahl erhältlich, sowohl vom Meter als auch als Platten. Es ist fußwarm, einfach sauberzuhalten und - anders als Vinyl - aus reinen Naturmaterialien: aus Leinsaat, Juteleinen und gemahlenem Kork.

Einige Hersteller bieten sogar an, Ihnen ein individuelles Muster per Laser in die Oberfläche Ihres Linoleumfußbodens zu brennen.

KORK

Ein beliebter Klassiker für Badezimmerfußböden sind Korkplatten. Sie sind einfach zu handhaben und bieten eine gute Isolierung. Um Farbe oder Muster in den Naturlook zu bringen, können die Platten mit Holzbeize oder Acrylfarbe gestrichen werden und dann mit Polyurethan versiegelt werden. Benutzen Sie 3-5 cm dicke Platten, denn dickerer Kork kann leichte Unebenheiten im Untergrund ausgleichen.

KERAMIKKACHELN

Keramikkacheln sind ausgesprochen günstig für Badezimmer und einfach zu verlegen und auch sauberzuhalten. Die einzigen

Nachteile sind, daß sie fußkalt sind und z.B. herunterfallendes Glas mit Sicherheit zerbricht.

Wenn Ihr Haus vor 1920 gebaut wurde, haben Sie vielleicht noch das Glück, originale, unglasierte Terrakottakacheln vorzufinden. Es gibt Kacheln in einer großen Auswahl von verschiedenen Farben, Größen und Formen inklusive Quadraten, Sechs- und Achtecken im Handel.

TEPPICH

Für alle, die weichen Komfort für ihre Füße wollen, ist die Weichheit eines gutverlegten Teppichfußbodens die einzige Antwort. Suchen Sie sich einen aus, der aus Synthetikfasern besteht und einen feuchtigkeitsresistenten Rücken hat. Versuchen Sie zu vermeiden, daß sich der Teppich mit Wasser vollsaugt und säubern Sie alles Verschüttete und alle Flecken sofort.

links Teppich ist ein sehr angenehmer Fußboden, der von einigen Leuten bevorzugt wird, weil er sehr warm und weich für die Füße ist. Wählen Sie einen aus Synthetikfasern und mit einer wasserfesten Rückseite.

rechts Marmor ist eine sehr elegante Wahl für einen Badezimmerfußboden, besonders in einem Badezimmer in traditionellem Stil.

Beleuchtung

Wenn Sie in einem alten Haus aus der Jahrhundertwende wohnen, ist Ihr Badezimmer wahrscheinlich ein umgebautes, ehemaliges Schlafzimmer, worin Sie viel Platz und Tageslicht vorfinden. Normale Fensterscheiben können durch mattierte, colorierte oder gefrostete ersetzt werden, um das Licht diffuser zu machen und Blickschutz, besonders bei Nacht, zu gewährleisten.

Die meisten modernen Badezimmer sind wesentlich kleiner als die Badezimmer aus dieser Periode und haben entsprechend kleinere Fenster. Dann gibt es sogar etliche, die überhaupt keine Fenster und damit auch kein Tageslicht haben. Sorgfältig geplantes, künstliches Licht ist daher wichtig, um zu verhindern, daß Sie trübsinnig werden und Platzangst bekommen.

SICHERHEIT

Sicherheit hat absoluten Vorrang, wenn Elektrizität und Wasser auf so engem Raum zusammenkommen, wie es im Badezimmer der Fall ist. Alle Leuchtkörper müssen den VDE-Sicherheitsnormen entsprechen und ordnungsgemäß von einem qualifizierten Elektriker installiert werden.

Es gibt leider keine große Auswahl an interessanten und passenden Badezimmerlampen. Deshalb müssen Sie, um hier etwas Neues und Besonderes zu finden, spezielle Hersteller von Industrie- oder Gartendesign ausfindig machen, die z.B. Schiffslampen oder Swimmingpoolleuchten produzieren. Alle Blenden sollten wasserdicht und so entworfen sein, daß die Birnen fest umschlossen sind, so daß sie gut gegen Kondensation und Dampf geschützt sind.

Alle Kabel müssen ordentlich isoliert sein und alle Schalter müssen außerhalb des Badezimmers angebracht werden. Lampen

links Ein Spotlight hat den Vorteil, daß es genau dort hinscheint, wo Sie es haben wollen. Stellen Sie nur sicher, daß es badezimmertauglich ist.

rechts Spiegel sind im Badezimmer absolut notwendig, da die Menschen in diesem Raum eine Menge Zeit damit verbringen, sich selbst zu betrachten, ob sie sich nun die Zähne putzen, die Haare bürsten oder Make-up auflegen. Spiegel tragen außerdem stark dazu bei, den Gesamtlichtpegel eines Raumes stark zu erhöhen und sind daher besonders wichtig in Bädern mit wenig natürlichem Licht.

mit Stecker sind im Badezimmer verboten. Alle Steckdosen sollten mit FI-Schutzschaltern abgesichert sein.

Es ist wichtig, daß das Badezimmer gut belüftet ist, besonders dann, wenn kein Fenster vorhanden ist. Eine Zeituhr verbindet oft den außen angebrachten Lichtschalter mit der Entlüftungsanlage, so daß die Ventilation automatisch anläuft, sobald das Licht eingeschaltet wird.

LEUCHTSTOFFRÖHREN

Eine an der Decke angebrachte Neonröhre ergibt ein zwar ein effektives, helles Licht, aber es ist leider auch ein zu intensives und gnadenloses. Das gilt besonders morgens, wenn das Badezimmer am meisten benutzt wird. Die Röhren gibt es heutzutage allerdings auch in warmen und weichen Tönen, so daß das Licht nicht mehr so hart ist wie früher.

DECKENSTRAHLER

Wenn Sie über der Decke genug Platz haben - ca. 30 cm - können Sie eingesetzte Deckenstrahler installieren. Sie sind ideal für kleine Räume, denn sie vermitteln den Eindruck von mehr Höhe. Achten Sie darauf, daß Sie genug Licht über dem Waschbecken, der Badewanne und der Dusche haben. Bedenken Sie dabei aber, daß die Strahler nach dem Einbau kaum noch verändert werden können. Ein Dimmer reguliert die Helligkeit je nach Stimmung oder Tageszeit.

SPOTLIGHTS

Diese können entweder an der Wand oder an einer Deckenschiene befestigt werden. Sie haben den Vorteil, auch nach der Montage noch verstellbar zu sein und auf eine andere Stelle ausgerichtet werden zu können. Ein Spot, der auf einen gutpositionierten Spiegel gerichtet wird, vermittelt den

Eindruck von mehr Helligkeit in einem ansonsten eher dunklen Raum. Selbstklebende Spiegelkacheln wären ein preiswerterer Weg für den gleichen Effekt.

BELEUCHTETE SPIEGEL

Ob Sie sich nun die Haare stylen, sich die Zähne putzen oder sich schminken, wir alle verbringen viel Zeit vor dem Spiegel. Um Schatten zu vermeiden und das Tageslicht so gut wie möglich zu imitieren, sollte die Lichtquelle direkt vor dem Gesicht sein und nicht darüber.

Schauspieler haben dieses Problem mit der klassischen Theaterspiegelbeleuchtung gelöst, die aus kleinen Glühbirnen oder Leuchtröhren besteht, die entweder seitlich oder oben und unten angebracht sind. Sie sollten ein weiches, gleichmäßiges Licht erzeugen, das weit genug entfernt ist, um nicht zu blenden.

links Eingesetzte Deckenstrahler sind eine sehr effektive Beleuchtung, besonders für kleine Badezimmer. Ihr einziger Nachteil ist, daß sie - erst einmal eingebaut - kaum noch versetzt werden können.

rechts Diese Wandlampe ist sowohl sehr attraktiv als auch ausgesprochen praktisch. Die Glaskugel umschließt die Glühbirne im Inneren vollständig und macht sie dadurch in der feuchten Badezimmeratmosphäre absolut sicher.

Das Badezimmer an sich gibt es erst ab 1870. Zum ersten Mal existierte ein Raum, der nur für die Badewanne, das Waschbecken und eine Toilette gedacht ist. In der Anfangszeit konnten sich natürlich nur reiche Leute solchen Luxus für ihre großen Häuser leisten. Der Rest der Bevölkerung mußte sich weiterhin mit der tragbaren Badewanne vor dem Küchenfeuer, dem Wasserkrug und der Schüssel im Schlafzimmer und der Toilette im Gartenhaus begnügen. Gegen Ende des 19. Jahrhunderts wurden dann Wasser- und Kanalisationanschlüsse auch in Mietshäusern üblich, und viele neue Wohnungen bekamen ein eigens für diesen Zweck eingerichtetes Badezimmer.

ROMANTISCHE INSPIRATION

Diese Stilrichtung bezieht ihre Inspiration wirklich aus der Romantik des 19. und dem Pragmatismus des frühen 20. Jahrhunderts. Diese Kombination ergibt ein romantisches Badezimmer, das perfekt in eine Wohnung dieses Stils paßt, für die ein modernes Bad völlig unpassend wäre.

SANITÄRE EINRICHTUNGEN

Die Badezimmermöbel aus dieser Zeit, wie Badewanne, Waschbecken und Toilette, sehen üppig und mächtig aus.

Die Badewanne ist das dominanteste Stück. Sie besteht meist aus emailliertem Gußeisen mit geschwungenen Rändern, steht frei auf Krallenfüßen oder ist mit Mahagoniholz verschalt. Beide Beispiele präsentieren die Badewanne als einen zentralen Einrichtungsgegenstand.

Das Waschbecken sollte großzügig proportioniert sein und entweder auf ein klassisches Podest gesetzt werden oder in einen Mahagonischrank mit einer Marmorplatte als Abdeckung eingelassen werden. Die letztgenannte Variante gilt als Reminiszens auf die früheren Marmorwaschtische des Schlafzimmers.

Schließlich gibt es noch die Toilette. Die Toilette im traditionellen Stil hat einen Mahagoniholzsitz und einen Spülwasserkasten, der mit dekorativen, gußeisernen Klammern an der Wand befestigt ist.

Frühe Badezimmergarnituren haben ein Blumenmuster in pink oder blau auf weißem Grund. Das hatte den einfachen Grund, daß dieselben Manufakturen auch Porzellaneßgeschirr gleichen Musters herstellten. Vom Ende des 19. Jahrhunderts an wurden die Badezimmergarnituren aufgrund des wachsenden Hygienebewußtseins der Bevölkerung fast nur noch in weiß produziert. Authentische Reproduktionen gibt es heute sowohl in weiß als auch mit Mustern.

Traditionell

Der traditionelle Stil ist reich an Verzierungen und Details, hauptsächlich mit viel Bronze, Mahagoni und weißer Keramik. Dies ist ein eleganter, komfortabler Raum, in dem Genuß an erster Stelle steht.

rechts Dieses Badezimmer im traditionellen Stil benutzt eine Mischung aus originalen und reproduzierten Armaturen. Die edle Farbe der Badewanne und die klassische Anordnung des Spiegels mit den Kerzen geben dem Raum einen interessanten, gotischen Touch. Der gotische Stil erlebte während des 19. Jahrhunderts ein großes Revival. Alle Elemente aus dieser Zeit verstärken das von Ihnen gewünschte, klassische Flair.

Fokus auf Details

Die Menschen des 19. Jahrhunderts liebten ausgefallene Dekorationen und Sammelsurien. Bringen Sie einen Touch davon in Ihr Badezimmer durch Arrangements von Muscheln, schönen, polierten Steinen, Vasen mit Trockenblumen und Schalen mit Potpourris auf kleinen Beistelltischen, Regalen oder auf dem Fensterbrett.

SENTIMENTALES ZUBEHÖR

Die damaligen Menschen waren ebenfalls sehr sentimental und hingen sehr an ihren Erinnerungen. Folgen Sie ihrem Beispiel und hängen Sie romantische Bilder oder Drucke in vergoldeten Rahmen auf oder stellen Sie kleine Bilderrahmen neben die Sammlungen von Souvenirs auf die Regale. Diese Art von Dekoration ist nicht wirklich authentisch, da reale Badezimmer in dieser Zeit extrem spartanisch und karg waren, aber sie wird sozusagen die Stimmung dieser Zeit in Ihr Heim bringen und es zugleich gemütlicher machen.

Das gleiche gilt für die restliche Einrichtung. Wenn genug Platz vorhanden ist, können Mahagonimöbel wie Stühle, ein Sideboard, eine Vitrine oder ein kleiner Tisch denselben Zweck erfüllen, während sie gleichzeitig Ihrem Badezimmer klassische Eleganz verleihen. Obwohl auch solche Möbel nicht in einem echten Badezimmer des 19. Jahrhunderts zu finden waren, tragen sie doch erheblich zu dem klassischen Gesamteindruck bei.

Sie können auch einen Original-Marmorwaschtisch verwenden, eine nostalgische Reminiszens an die Zeit vor der Einführung von fließendem Wasser. Machen Sie es noch authentischer, indem Sie einen Wasserkrug und eine Schüssel daraufstellen.

ERFINDUNGEN

In dieser Zeit gab es auch viele Erfindungen: Je mehr technische Spielereien Sie hinzufügen, wie z.B. ausziehbare Rasierspiegel, beheizbare Handtuchhalter, Seifenschalen, Zahnbürstenhalter und Rasierpinselständer - vorzugsweise aus Bronze - desto besser.

Verwenden Sie altmodische, gußeiserne Heizkörper. Diese gibt es als Reproduktion und seltener auch als Original. Im traditionellen Badezimmer brauchen Sie sich keine Mühe zu geben, die Rohre zu verstecken. Im Gegenteil; ihre Betonung spielt eine wichtige Rolle bei der Kreation dieses zeitgeteuen Badezimmers.

oben links Accessoires, leger auf einer Badewannenablage arrangiert, haben sowohl praktischen als auch dekorativen Wert. Es ist wichtig, daß die Accessoires möglichst aus Naturmaterialien bestehen, so daß sie zu dem nostalgischen Flair des Raumes passen. Versuchen Sie weitestgehend, schrillgefärbte Plastikgegenstände zu vermeiden.

oben rechts Ein Waschbecken mit Bronze und Porzellanarmaturen ist ein wichtiges Stück, um ein Badezimmer im traditionellen Stil zu kreieren. Der Stil des Beckens ist eigentlich aus dem frühen 20. Jahrhundert, in der ein großes Revival des klassischen und griechischen Stils stattfand. Wasserhähne sollten immer aus Bronze bestehen, da es Chrom vor 1920 noch nicht gab.

unten links Hier wurde ein romantisches Flair durch das Arrangement eines eleganten Kerzenständers auf einer gotischen Wandhalterung neben einem Spiegel in einem üppigen Goldrahmen erzeugt. Die Verwendung von Kerzen gibt dem Badezimmer den Touch von Authentizität in Anlehnung an die Zeit vor der Erfindung der Elektrizität.

unten rechts Einen höheren Stellenwert bekommen diese Objekte durch ihr Arrangement. Ein hübscher blauer und ein weißer Krug sind mit original zeitgetreuen Seifenschalen und einem Potpourri zu einem nostalgischen Stilleben arrangiert worden. Ihre zarten Farben ergänzen sehr schön die helle Wand und die Vorhänge.

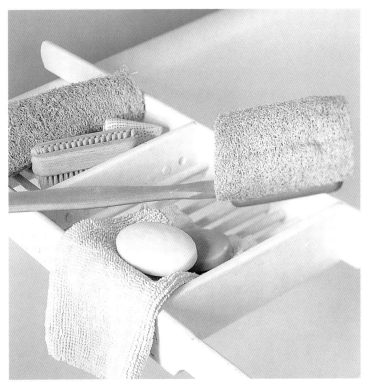

Licht

Geben Sie den Fenstern einen femininen, romantischen Look, indem Sie Stores aus zarter Spitze davorhängen, die ein weiches, diffuses Licht erzeugen. Wählen Sie eine gemusterte Sorte, egal ob modern oder antik, mit Vogel- oder Blumenmotiven.

Der traditionelle Stil profitiert von ausschweifender Dekoration, also setzen Sie Ihr schmückendes Werk fort, indem Sie Übervorhänge aus schweren Stoffen verwenden, die an beiden Seiten gerafft und mit schön verzierten Bronzeklammern gehalten werden können.

Hängen Sie die Gardinen an eine Gardinenstange aus Bronze oder Mahagoni. Es gibt sie überall, ebenso wie eine Auswahl an dekorativen Endstücken. Wenn die Gardinenstange allerdings nicht zu sehen sein soll, können Sie diese auch unter einem Volant verstecken. Dieser kann aus dem gleichen Material wie die Gardinen sein und eine schönen Rundbogenkante haben. Dies gibt Ihrem Badezimmer ein schönes, warmes Salonfeeling.

BUNTES FENSTERGLAS

Ein Fenster aus buntem Glas paßt hier perfekt. Wenn Sie ein Haus aus dieser Periode besitzen, hat es mit etwas Glück noch welche. Wenn nicht, können Sie sich eines mit einem Muster passend zu Ihren Badezimmer anfertigen lassen, oder Sie finden noch irgendwo ein altes Originalfenster. Die Farbreflexe, die durch ein solches Fenster in Ihr Badezimmer fallen, sind sensationell.

ROMANTISCHES THEMA

Das romantische Thema setzt sich bei der Installation der Beleuchtung fort. Um den vollen Effekt zu erzielen, sollten Sie eine Kombination aus Wand - und Deckenlampen benutzen. Typische Wandlampen aus dieser Periode haben tulpenförmige Gläser auf verzierten, schwanenhalsartigen Bronzehalterungen. Authentische Gläser wären preiselbeerfarben, milchiges Opalglas oder Glas mit eingeätzten Blütenmustern. Diese Lampen wirken am besten im Duo, vielleicht rechts und links eines Spiegels.

Für ein traditionelles Badezimmer kann man nie wählerisch genug sein, und eine schöne Deckenlampe gibt dem Raum einiges mehr an Charakter. Eine Opalglasschale, die an Ketten von der Decke hängt, wirkt in diesen Raum am besten und verbreitet außerdem ein weiches Licht.

oben links Lange Bahnen aus Spitzenstoff mit einem zarten Blumenmuster, kombiniert mit einem weichen, tiefen Volant aus einem einfarbigen Stoff, ergeben die typisch traditionelle Atmosphäre. Beachten Sie, wie der Volant bestickt und mit einer dekorativen Rundbogenkante versehen wurde, um mehr Details hinzuzufügen.

unten links Diese Art, einen Duschvorhang zurückzubinden, ist eine simple Sache, aber sie verleiht eindeutig einen Touch von Eleganz. Es ist die weiche Art des Raffens, die ein Stück des gleichen Materials wie die Gardine verwendet, was einen attraktiven Effekt ergibt und gleichzeitig ein kostensparender Weg zu einem zeitgetreuen Look.

rechts Eine elegante Rollmarkise mit tiefen Langetteenden gibt diesem Fenster etwas Grandioses. Die Wände und die Markise sind in ähnlichen Tönen gehalten, was einen weicheren und einheitlicheren Look ergibt.

Oberflächen und Veredelung

Wenn Sie in einem Haus aus der Jahrhundertwende wohnen, ist es gut möglich, daß einige der Elemente aus dieser Zeit überlebt haben. Das wird wohl am ehesten auf die Fußböden, Wände oder Decken zutreffen.

KACHELN

Die Wände aus dieser Zeit wurden gewöhnlich mit glasierten Kacheln versehen, entweder in dunklen, reichhaltigen Farben oder in weiß. Pastelltöne wurden erst ab 1930 benutzt.

Wenn Sie ein kleines, zeitgenössisches Badezimmer haben, werden die Wände ganz gekachelt sein. Wenn es groß ist mit hohen Decken, werden die Kacheln wohl in der Mitte mit anders gemusterten Kacheln und einer dekorativen Bordüre oder mit Reliefkacheln unterbrochen sein.

Eine Alternative zu glasierten Kacheln sind Profilholzverschalungen, die in weniger wohlhabenden Haushalten oder für Landhäuser benutzt wurden, deren Wände zu uneben zum Kacheln waren. Diese Art von vertikaler Brettverschalung war meist in der unteren Wandhälfte zu finden und mit allerlei Farbeffekten versehen, die zu der Zeit populär waren.

Kreieren Sie Ähnliches in Ihrem Badezimmer, indem Sie die untere Hälfte Ihres Bades mit glasierten, der Zeit nachempfundenen Kacheln in tiefen, grünen, blauen oder burgundfarbenen Tönen kacheln und verwandeln Sie den Rest der Wand in Marmor. Es ist nicht schwierig, Farbeffekte wie Marmorieren selbst zu machen.

Der Wandbereich sollte so aufgeteilt werden. daß die unteren Teile in dunkleren Tönen gehalten werden als die oberen, egal ob Sie nun Kacheln oder Paneele benutzen. Das gibt den unteren Bereichen mehr Gewicht und ist ein Ausgleich zu den anderen schweren Einrichtungsgegenständen, wie der Badewanne und den Mahagonimöbeln.

FUSSBÖDEN

Holzfußböden aus dieser Zeit sehen authentisch aus, wenn sie mit dunkler Beize behandelt sind. Für den Landhausstil sind die natürlichen Holztöne besser. Aber wenn Sie wollen, daß Ihr traditionelles Badezimmer wirklich umwerfend aussieht, sind Kacheln die beste Wahl. Geometrische, glasierte Kacheln oder Mosaiken sehen absolut fantastisch aus und ergeben den idealen Kontrast zu den Krallenfüßen Ihrer Badewanne.

oben links Dieses Badezimmer ist einfach in seiner Dekoration und angenehm sanft in seiner Farbgebung. Die authentischen, weißen Kacheln und die weiße Emaille der Badewanne werden durch den warmen Honigton den Kieferbodens ergänzt.

unten links Diese extrem verzierten Krallenfüße sind in einer anderen Farbe als der Rest der Badewanne bemalt, um sie stärker zu betonen. Der wirklich königliche Look dieses Bades wird durch die satten Rot- und Burgundertöne und durch die üppige Bronze für Malereien und Accessoires erreicht.

rechts Teppiche auf dem Badezimmerfußboden ergeben einen etwas lockereren Eindruck als den normalerweise stark reglementierten Look des traditionellen Stils. Hier wurde ein farbenfroher Kelim über die alten Fußbodenbretter gelegt, um dem Boden einen willkommenen Farbtupfer zu geben.

Accessoires

Das neunzehnte Jahrhundert hatte sein Revival in den 70er Jahren als Gegenreaktion auf den kahlen Space-Age-Look der 50er. Während jener Zeit war der Abriß alter Häuser an der Tagesordnung, da Platz geschaffen werden mußte für Neues.

ALTWARENHÄNDLER

Das brachte eine Reihe von Altwarenhändlern auf den Plan, die viele alte Originalarmaturen und -einbauten allen verkauften, die den Look der Jahrhundertwende in ihren neuen Häusern haben wollten.

Glücklicherweise sind heute die meisten alten, wertvollen Gebäude unter Denkmalschutz gestellt, um sie vor der Zerstörung zu retten. Trotzdem werden immer noch etliche alte Gebäude von innen modernisiert, was bedeutet, daß die alten Armaturen rücksichtslos herausgerissen werden und

diese Altwarenhändler immer noch eine gute Quelle für Originalarmaturen sind.

AUTHENTIZITÄT

Um ein wirklich authentisches, traditionelles Badezimmer zu kreieren, sollten Sie nach Originalarmaturen und -einbauten suchen, da diese bereits durch die jahrelange Abnutzung den natürlichen Look vergangener Zeiten haben. Auch alter

links Ein eleganter Glasbehälter mit hübschen Muscheln, die Sie am Strand gefunden haben, ist eine attraktive Dekoration, die Sie nicht viel kostet.

rechts Sammeln Sie einige einfache Objekte, die miteinander kombiniert ein bestechend schönes Stilleben ergeben und so die Aufmerksamkeit im Raum auf sich lenken. Ein Porzellankörbchen mit Muscheln, Trockenblumen und eine antike Seifenschale sind zusammen auf einem Tischchen mit einer Spitzendecke arrangiert worden und bilden eine romantische Zusammenstellung.

Dielenfußboden mit Astlöchern gibt einen sehr viel echteren Look. Alte, glasierte Kacheln, die wahrscheinlich aus der Eingangshalle eines alten Hauses gerettet wurden, bringen einen wunderbar gotischen Touch in Ihr traditionelles Badezimmer. Einbauten wie Badewanne, Becken, gußeiserne Heizkörper und Bronzeverzierungen können alle wieder vollständig restauriert werden, so daß sie schön antik aussehen, aber wie neu funktionieren. Alte Gas- oder Öllampen können ebenfalls für die Benutzung mit Elektrizität umgebaut werden.

All diese Gegenstände gibt es allerdings heutzutage auch schon als so gute Reproduktionen, daß sie kaum noch von den Originalen zu unterscheiden sind. Sie sind meist den alten Originalen genau nachgebaut, so daß es eigentlich recht leicht ist, ein authentisches, traditionelles Badezimmers aufs Neue zu kreieren.

MATERIALIEN

Es besteht kein Mangel an authentischen und passenden Materialien, die Sie für ein Badezimmer im traditionellen Stil benutzen können.

Das viktorianische Zeitalter war der Beginn der industriellen Revolution und der Massenproduktion. Daher haben viele Originalstücke aus dieser Zeit, wie Porzellan und Möbel, die Jahrzehnte gut überstanden und sind heute relativ einfach zu beschaffen. Sie können oft sogar erstaunlich preiswert sein. Sie müssen sich keine Sorgen darüber machen, Unsummen für die richtigen authentischen i-Tüpfelchen ausgeben zu müssen, die so ungemein wichtig für den traditionellen Stil in Ihrem Badezimmer sind.

Durchstöbern Sie Antiquitätenläden, Messen, Märkte und Garagenverkäufe und Sie werden garantiert jede Menge Krüge und anderes Geschirr in den beschriebenen blauen und weißen Mustern finden. Wenn Sie besonderes Glück haben, finden Sie sogar einen Stuhl oder einen Handtuchhalter aus Mahagoni, welches damals das beliebteste Holz war.

Mischen Sie verschiedene Stücke von altem traditionellen Porzellan - entweder Originale oder Reproduktionen - mit Dingen, die Sie völlig kostenlos am Strand oder im Wald finden wie Muscheln, Treibholz, Steine oder Zweige. Diese werden dann zu gefühlvolle Stilleben an verschiedenen Stellen in Ihrem Badezimmer arrangiert.

Gebinde aus Trockenblumen - besonders geeignet sind duftende Rosen oder Lavendel - sind auch eine gute Idee für ein Badezimmer im traditionellen Stil. Stellen Sie sie in sorgfältig ausgewählte Vasen oder Krüge, und sie werden den Raum mit Nostalgie und ihrem Duft erfüllen.

links Flache Schalen mit Potpourris verströmen ihren Duft. Die verblaßten Farben erwecken einen Eindruck von Nostalgie. Diese Schale ist eine Variation des traditionellen Potpourris, indem hier Scheiben getrockneter Früchte verwendet wurden.

rechts Blau- und weißgemustertes Porzellan finden Sie häufig auf Antiquitätenmärkten, allerdings ist es durch die große Nachfrage recht teuer geworden. Diese Teile hier sind eine interessante Zusammenstellung: Eine alte Porzellanwaschschüssel und eine Originalseifenschale, die ein wunderbares Potpourri abgibt.

Das Landhaus-Bad ist ein kleiner, gemütlicher Raum unter dem Dach, mit niedriger Decke und einem charmanten kleinen Gaubenfenster. Es ist ein "Dachboden trifft Gartenhaus"-Look mit alten Armaturen und zarten Blumenmustern und Pastellfarben.

Bei diesem Stil sind Sie mit einem kleinen Badezimmer nicht im Nachteil. Ein Raum mit geringen Abmessungen wird Ihnen von Anfang an die gewünschte, kuschelige und intime Atmosphäre geben.

Der Raum sollte so unkompliziert und improvisiert wirken, als ob er mit einem Minimum an Aufwand eingerichtet wurde. Er sollte am Ende so aussehen, als ob er schon immer genauso in Ihrer Wohnung existiert hat. Beginnen Sie mit altmodischen Armaturen und Einbauten wie einer Badewanne, Waschbecken und Toilette. Wählen Sie Einbauten, die simpel und charaktervoll, aber weder aufdringlich noch ablenkend sind. Idealerweise sollten sie weiß sein, um dann mit weichen Farben eingerahmt zu werden. Armaturen sollten altmodisch aussehen und entweder aus Bronze oder Chrom bestehen.

Verschalen Sie die Wände im unteren Teil mit Paneelen, die auch für die Badewanneneinfassung benutzen können. Für die Wände darüber sollten Sie entweder einen sanften Pastellton oder eine zartgemusterte Tapete auswählen. Die Tapete kann auch für die Decke verwendet werden, was besonders bei sehr niedrigen und verwinkelten Decken sinnvoll ist.

DER BÄUERLICHE TOUCH

Der Fußboden sollte unbedingt einen simplen Naturlook haben. Beizen und wachsen Sie das Holz und legen eine einfache Bademaatte oder einen Teppich darüber. Kacheln sollten nur begrenzt in einem Badezimmer des Landhaus-Stils eingesetzt werden, da sie leicht zu kalt und hart wirken.

Möbel, Regale und andere Gegenstände sollten einen schlichten Countrylook haben. Der zeichnet sich dadurch aus, daß Kanten und Abschlüsse meist von etwas groben und naiven Mustern durchbrochen sind. Größere Möbelstücke in Ihrem Landhaus-Badezimmer sollten so aussehen, als ob ein kleiner ortsansässiger Handwerker sie hergestellt hat und nicht, als ob sie aus der Fabrik kommen.

Sie sollten immer Pflanzen oder frische Blumen in Ihrem Badezimmer haben. Vergessen Sie nicht einen Bezug zu einen ländlichen Bauerngarten durch die Verwendung von Blumenmustern auf Tapeten, Gardinen und Kissen herzustellen. Zarte, blütenförmige Lampen an verschiedenen Stellen im Raum machen sich auch sehr gut.

Landhaus

Als behaglicher, intimer Raum kann das Badezimmer im Landhaus-Stil recht einfach und ohne großen Kostenaufwand auch in Ihrem Heim eingerichtet werden. Es hat eine romantische, bäuerliche Ausstattung, bei der sich sanfte Pastelltöne fröhlich mit zarten Blumenmustern mischen.

rechts Dieses Beispiel hat alle Elemente eines typischen Badezimmers im Landhaus-Stil. Einfache weiße Möbel bilden zusammen mit der zarten, geblümten Tapete einen weichen, unauffälligen Hintergrund. Während das weiße Holzpaneel um die Badewanne und das charmante Eckregal mit dem Blumentopf ländlich wirken, bringen die Vase mit Wildblumen, der rustikale Hocker und der weiße Baumwollteppich den richtigen Touch hinein.

Fokus auf Details

Die Haupteinflüsse des Landhaus-Stils sind die ländliche Umgebung, ein rustikaler Lebensstil und die Natur selbst. Mit diesem Wissen können Sie einen nostalgischen und zeitlosen Look kreieren, der seinen speziellen Charme durch Understatement erhält. Das ist fast das genaue Gegenteil des üppigen, traditionellen Stadtstils.

Als Accessoires für Ihr Landhaus-Badezimmer sollten Sie immer schlichte, schöne Dinge auswählen, egal ob Möbel oder Fußläufer, um insgesamt eine warme, angenehme Atmosphäre zu erzeugen. Scheuen Sie nicht davor zurück, die Möbel zu streichen, um sie farblich dem Rest des Raumes anzupassen, da dies den Raum einheitlicher und echter macht.

LÄNDLICHER CHARME

Geben Sie Ihren Badezimmer einen malerischen, ländlichen Charme, indem Sie einfache Dinge, wie Muscheln, alte Flaschen, Steine, kleine Schachteln und bunte Gläser hineinstellen. Die meisten dieser Sachen können Sie ganz kostenlos bei Spaziergängen auf dem Land finden. Jedes natürliche Detail wird gut passen, besonders Blumen und Pflanzen. Eine Vase mit frischgepflück-

ten Wildblumen bringt Ihnen den Countrylook am leichtesten ins Badezimmer.

DER VERWITTERTE LOOK

Wenn Sie eine Topfpflanze für Ihr Badezimmer kaufen, versuchen Sie, eine in einem einfachen Terrakottatopf zu finden. Damit bringen Sie Gartenflair in den Raum.

Ein alter Terrakottatopf, der einige Jahre draußen gestanden hat und dadurch ein wunderbar verwittertes Äußeres hat, wäre ideal. Nichts in diesem Badezimmer sollte zu neu oder perfekt aussehen. Eine Sammlung von alten, angeschlagenen Porzellankrügen wäre eine passende und zudem kostenlose Dekoration. Damit können Sie diesen gewollt eingelebten Look erreichen. Versuchen Sie, Dinge aus Schmiedeeisen oder Drahtgeflecht zu finden. Das könnten ein Regal, eine Lampenfassung oder Dekorationkörbchen sein. Das gebogene und gewundene Metall erinnert an die Form von Reben, Efeu und anderen Kletterpflanzen.

Für die funktionalen Details wie Wasserhähne und Duschbatterien sollten Sie eher altmodische wählen. Sowohl Bronze als auch Chrom paßt, aber im Endeffekt sieht Chrom frischer aus.

oben links Der Chromglanz dieser altmodischen Capstanwasserhähne und die einfache weiße Badewanne mit weißen Kacheln betonen den schlichten, frischen Look eines Bades im Landhaus-Stil. Nur die Vase mit Wildblumen bietet Ablenkung, indem sie an eine Wiese erinnert.

oben rechts Dieses diskrete, aber sehr hübsche kleine Regal wurde weiß gestrichen, um besser mit dem Farbthema des restlichen Raumes zu harmonieren. Beachten Sie seine dekorative Countrystilkante. Ein Eckregal wie dieses hoch oben an der Wand bietet Extradekorationsfläche für eine schöne Pflanze oder anderen Zierrat.

unten links Geben Sie Ihren Badezimmer ein wirklich rustikales Feeling, indem Sie hübsche Details verwenden. Dieses zierliche Drahtkörbchen hat bei weitem mehr Charakter als irgendein Massenprodukt. Hier wird das Körbchen für eine Muschelsammlung verwendet, aber man könnte natürlich auch Gebrauchsgegenstände wie Seifen oder Schwämme hineintun.

unten rechts Obwohl die Farben des Landhaus-Bades sehr subtil sind, mit Pastelltönen und zarten Blumenmotiven, können Sie trotzdem ein oder zwei Hauptfarben auswählen und diese mit Details akzentuieren. Hier wurden die Farben des kleinen Blütenmusters der Tapete betont. Die Zahnbürste, das Glas und die Seife auf dem schlichtweißen Basin greifen die Grün- und Kirschtöne der Tapete auf.

Licht

Einige zarte Blumendrucke hier und da und viele Veilchen, die direkt aus der Wand zu wachsen scheinen, lassen es so erscheinen, als ob ein Garten unbemerkt in den Raum vorgedrungen sei. Wie um das zu bestätigen, wird Ihr Blick aus dem kleinen Gaubenfenster auch gleich von Efeu- oder Weinranken eingerahmt.

L(E)ICHT UND SIMPEL

Jeder Vorhang für Ihr Landhaus-Badezimmer sollte leicht und schlicht sein. Spitze oder ein dekoratives Netz, an beiden Seiten gerafft und durch einfache Knoten fixiert, ist eine Lösung und ergibt zudem eine wie zufällige Lässigkeit.

Wenn Sie etwas Schwereres an den Fenstern haben wollen, dann nehmen Sie Blenden oder Gardinen aus traditionellem Drillich. Dessen einfaches Streifenmuster und altmodische Qualität geben Ihrem Landhaus-Badezimmer das angenehm heimelige Gefühl. Drillich gibt es in vielen verschiedenen Farbvarianten.

Verwenden Sie Spiegel, um mehr Tageslicht in das Bad zu bringen, besonders bei kleinen Fenstern. Indem man einen Spiegel im Schatten anbringt, der das Licht der

hellen Wand gegenüber reflektiert, erzeugt man die Illusion eines zweites Fensters.

Teil des Charmes der Landhaus-Badezimmer ist, daß sie normalerweise recht klein sind. Sie sind nicht gut dafür geeignet, um sie in gleißendes Licht zu tauchen, daher ist es am besten, Spiegel nur für ihren funktionalen Zweck oder als kleinen Dekorationseffekt einzusetzen. Wählen Sie Spiegel mit Rahmen aus Naturholz oder passend zum Rest des Raumes gestrichen, aber nie vergoldete Rahmen

BELEUCHTUNG

Die Beleuchtung sollte immer simpel und fein sein. Lampen im viktorianischen Stil mit schwanenhalsförmigen Wandhalterungen und tulpenförmigen Gläsern sind ideal. Ihr weiches, romantisches Aussehen betont das organische Flair, indem sie fast wie Blumenkelche aus der Wand wachsen.

Die Decken in Landhaus-Badezimmers sind meistens so niedrig, daß Sie keine Deckenlampen aufhängen können. Sollte es bei Ihnen anders sein, wäre eine einfache kleine Glaslampe das beste. Suchen Sie nach einer Lampe mit marmoriertem Milchglas aus den 30er Jahren.

oben links Eine Lampe im viktorianischen Stil scheint aus der Wand herauszuwachsen. Das ist die ideale Beleuchtung für Ihr Landhaus-Badezimmer, um ein nostalgisches Flair zu erzeugen. Wandmontierbare Lampen können durchaus verschnörkelt sein, solange sie nicht schwer oder plump aussehen. Vermeiden Sie moderne Leuchtkörper für diese Art von Badezimmer.

unten links Das ist ein klassisches Medizinschränkchen mit einem in die Tür integrierten Spiegel. Es ist funktionell und außerdem eine gute Quelle reflektierten Lichts. Wie in diesem Beispiel sollten Spiegel für ein Landhaus-Badezimmer schlichte Rahmen ohne viel Verzierung haben. Suchen Sie sich billige Rahmen von alten Bildern z.B. in Second-Hand-Läden, für die Sie Spiegel zuschneiden und einpassen lassen können.

rechts Das ist ein wunderbarer "Anblick im Ausblick". Diese Pflanze hat einen exzellenten Blick auf den Garten und wird von Gardinen mit Blumenmustern eingerahmt. Beachten Sie, wie die Gardinen weitestgehend in die Wandnische zurückgezogen wurden, um maximalen Tageslichteinfall zu gewährleisten.

Oberflächen und Veredelung

oben Für einen authentischen Stil sollten Sie Matten oder Baumwollteppiche in neutralen Pastelltönen wählen, keine Teppiche in kräftigen Farben oder mit geometrischen Mustern. Benutzen Sie lieber keine Brücken, da das die Landhausatmosphäre stören würde.

Das Landhaus-Badezimmer ist mit Sicherheit kein Platz für exzessive Farben und Muster. Beschränken Sie sich auf Töne in ganz hellem Blau, Grün oder Lila, eventuell auch Eierschale oder weiß. Die Farbgebung sollte von der Natur inspiriert sein, entweder durch Grünpflanzen oder Obst.

WÄNDE

Wenn Sie die Wände tapezieren wollen, nehmen Sie etwas Zartes und Unauffälliges. Muster aus kleinen Rosen oder Efeuranken sind sehr schön. Was auch immer Sie wählen, die Farben sollten immer zart und zurückhaltend sein. Idealerweise sollte der Untergrund schlicht einfarbig sein und dadurch dominanter als das Motiv, damit dieses nicht den Raum erdrückt.

Sie sollten die untere Hälfte des Raumes bis in ca. ein Meter Höhe mit Holzpaneel verkleiden. Das wurde früher als "Arme-Leute-Wandverkleidung " bezeichnet, da sie oft in den Häuschen der Landarbeiter verwendet wurde, die bei reichen Großgrundbesitzern angestellt waren. Heute sind Paneele ein essentieller Bestandteil des Landhaus-Stils, ohne die es einfach nicht geht.

Wenn Sie Kacheln nicht ganz vermeiden können, kaufen Sie für die Spritzzonen glasierte Kacheln, die einfarbig hell oder mit dezenten Blumenmotiven verziert sind. Zu viele Kacheln, besonders als Fußboden, lassen einen Raum zu kalt aussehen.

FUSSBÖDEN

Die Fußböden sind sehr einfach. Holz sollte geschliffen und gewachst werden. Die Hauptsache ist, daß der Fußboden aus warmem, rustikalen Holz besteht.

Kleine helle Badematten oder -teppiche können über die Bretter gelegt werden. Dicke, geflochtene Baumwollmatten sind am besten, da sie sehr gut zu diesem handgemachten Look passen. Schauen Sie sich auf Trödelmärkten nach Lumpenteppichen um. Diese waren im 19. Jahrhundert als einfache, billige Läufer sehr populär. Sie wurden aus alten Stoffresten oder in Streifen geschnittenen, ausgemusterten Baumwollkleidungsstücken hergestellt, die mittels einer bestimmten Technik gedreht und dann zu Läufern gewebt wurden. Lumpenteppiche haben einen anheimelnden, gemütlichen Charakter, der wirklich perfekt in Ihr Landhaus-Badezimmer paßt.

links Hier wurde eine hübsch gemusterte Tapete verwendet, um den Charme des Landlebens widerzuspiegeln. Das Design der Tapeten sollte nicht zu dominant sein. Beachten Sie, wie eine Holzblende um die Kacheln herumgezogen wurde. Das ergibt eine schöne Abrundung der Kachelkanten.

oben Alle Oberflächen in diesem Bild sind gut durchdacht. Das gestrichenes Holzpaneel, die zartgeblümte Tapete und die glasierten Kacheln ergänzen sich perfekt Ihre Schlichtheit und ihre subtilen Farben ergeben zusammen alle notwendigen Zutaten, die für ein Badezimmer im Landhaus-Stil notwendig sind.

Accessoires

Die Grundelemente für das Landhaus-Bad sind nicht schwer zu finden. Sie können alle hier abgebildeten Dinge, auch die Holz-paneele, in jedem Baumarkt oder im Einzel-handel erwerben. Die Paneele können Sie natürlich auch von einem örtlichen Schrei-ner kaufen; sie sind verhältnismäßig preis-wert. Wenn es erst einmal in Ihrem Bad angebracht, abgeschliffen und gestrichen ist, wird das Paneel bald aussehen, als ob es sich schon immer dort befunden hätte.

DIE MÖBEL

Um Dinge wie hübsche Regaleinheiten oder Schränkchen mit dekorativen, abgeschräg-ten Kanten zu finden, durchforsten Sie Antiquitätenläden, und achten Sie auf Floh-märkte. Sie werden vielleicht Sachen in den für die 30er Jahre typischen, dunklen Tönen finden, aber lassen Sie sich dadurch nicht abschrecken. Schauen Sie sie sich noch ein-mal genauer an und versuchen Sie sich vor-zustellen, wie sie in einem hellen Creme-oder Blauton aussehen würden, und dann wären sie eventuell genau das Richtige.

Eine andere Möglichkeit ist, einen auf Kiefernholzmöbel spezialisierten Händler aufzusuchen. Dort können Sie stilgerechte Stücke finden, die Sie in zu Ihrem Bad pas-senden Pastelltönen streichen können.

links Die clevere Plazierung ei-nes Spiegels hinten in der Nische ergibt die Illusion eines zweiten, kleinen Fensters im Raum. Das Sims bietet Platz für interessan-ten Zierrat.

rechts Ein georgianisch ausse-hendes Eckschränkchen ist ein attraktiver Blickfang. Eckregale und -schränke sind große Platz-sparer, da sie ansonsten unge-nutzte Nischen noch sinnvoll ausfüllen. Die kleinen Glasdekan-ter und Kugeln auf dem Schränk-chen kreieren eine sehr passende, altmodische Atmosphäre.

DETAILS

Für die feineren Details Ihres Badezimmers können Sie einen Ausflug aufs Land oder in Ihren Garten unternehmen. Suchen Sie nach Objekten von eigenwilliger Schönheit.

Ein besonderer Stein, eine antike Flasche, selbst eine verbeulte alte Gießkanne könn-ten ein interessanter Blickfang für Ihr Bade-zimmer werden. Benutzen Sie Ihre Phantasie und sehen Sie Ihren Garten mit neuen Augen.

Oder Sie gehen noch ein Stück weiter und kreieren Ihren eigenen Blickfang, indem Sie z.B. ein großes Glas mit vielfarbi-gen Porzellanscherben füllen. Die Verwand-

links Ein verwitterter Topf mit einer Pflanze, eine alte Holzschachtel, eine hübsche, antike Parfümflasche und eine Kollektion von Muscheln tragen hier alle zum Landhausambiente bei. Sie stehen auf einem typischen Landhausstilregal, welches weiß gestrichen wurde, um besser mit der Tapete zu harmonieren.

unten Hier haben wir ein schönes Arrangement von Formen und Materialien, um den klassischen Romantiklook zu erzeugen. Der helle Marmor um das Waschbecken herum würde normalerweise etwas kalt und nüchtern aussehen, aber hier wurde das durch den ovalen Spiegel und die weichen Falten der Gardinen erfolgreich ausbalanciert.

lung eines gewöhnlichen Fundstückes in ein faszinierendes Dekorationsobjekt macht den einfachen Landhaus-Stil aus.

TOPFPFLANZEN

Wenn Sie Topfpflanzen in Ihrem Bad haben wollen, versuchen Sie, alte Terrakottatöpfe zu finden, die viel besser in das Allgemeinbild passen als neue oder Plastiktöpfe.

Suchen Sie bei Wohnungsauflösungen oder auf alten Bauernhöfen. Alternativ kaufen Sie sich neue Töpfe in einem Gartencenter und lassen sie selber verwittern. Das ist recht einfach, dauert aber etwas. Füllen Sie sie mit Erde und lassen sie einige Monate draußen stehen, was den Salzen in der Erde ausreichend Zeit gibt, in den Ton zu sickern, wodurch dann die Ränder und Krusten entstehen, die den verwitterten Look ausmachen. Sie können außerdem noch die Schnellmethode probieren, die Töpfe mit Farbe künstlich zu altern. Bemalen Sie die Töpfe mit einer stark verdünnten, weißen Farbe und wischen Sie gleich danach mit einem Tuch den Großteil wieder ab.

Eine weitere Quelle für ungewöhnliche Gartenutensilien sind Antiquitätenhändler. Hier können Sie vielleicht original Eierkörbe aus Draht, schon glasierte alte Krüge oder Aluminiummilchkannen finden, die einfach phantastisch in Ihr Landhaus-Badezimmer passen würden.

Ein Citybad ist bei weitem nicht nur für die Avantgarde oder Jetsetter gedacht. Grundsätzlich ist es ein Badezimmer, welches das meiste aus frischen, unerwarteten Kombinationen von Rohmaterialien und den neusten Entwicklungen im Bereich der Badezimmertechnik macht.

Der moderne Look ist ideal in einem Badezimmer mit viel Bewegungsfreiheit. Wenn Sie das Glück haben, in Ihrem Zuhause ein Gästebad zu besitzen, wäre der City-Look ideal, weil Sie dann völlig auf aufwendige Dekorationen verzichten können

KLARE MATERIALIEN

Inspiriert von moderner Architektur und schickem, industriellen Design, werden klare Materialien wie Glas, Marmor, Chrom und Stahl geschickt kombiniert. Dieses Badezimmer ist denen aus den 20er und 30er Jahren nicht unähnlich.

Damals war es Mode, alle freistehenden Armaturen, Rohre und Möbel entweder in die Wände einzulassen oder zu verschalen, damit ein möglichst klarer, linearer Raum entstand. Obwohl das Konzept des modernen Badezimmers dem sehr ähnlich ist, wird heute mehr Betonung auf die verwendeten Materialien gelegt, damit ein weicherer, eleganterer Look entsteht.

Der Gesamteindruck ist leicht und luftig, gibt einem schon beim bloßen Betreten des Raumes das Gefühl von Sauberkeit. Das heißt noch lange nicht, daß der Look klinisch und kalt sein muß - das hängt völlig von der Wahl der Materialien ab.

Zu viel Stahl, Chrom und mattiertes Aluminium auf weißem Grund wären allerdings zu klinisch, aber wenn Sie warme Materialien wie ockerfarbenen Marmor oder Kupfer verwenden, wird der High-Tech-Effekt sofort abgemildert. Lassen Sie

die natürlichen Farben der Rohmaterialien das Farbthema bestimmen. Ob Sie diese dann gegen weiß oder eine andere neutrale Farbe absetzen, spielt keine Rolle, nur sollte der Schwerpunkt des Citybades nicht laut, sondern eher gedämpft und subtil sein.

Auch alle Muster und Oberflächendekorationen sollten schlicht sein. Wenn ein Motiv oder ein sich wiederholendes Design gewünscht wird, ist in diesem Fall weniger mehr ist. Stützen Sie sich auf die materialgegebenen Maserungen und Texturen.

TAGESLICHT MAXIMIEREN

Dieser Stil profitiert stark von der Maximierung des Tageslichts. Der Einfall von natürlichem Tageslicht durch die Fenster hilft dabei, dem Raum sein leichtes, geräumiges Flair zu geben. Lichtdurchlässige Glasbausteine anstelle solider Trennwände verstärken diesen Effekt.

City

Dies ist die modernste, experimentellste und mit Sicherheit die aufregendste Stilrichtung in diesem Buch. Lassen Sie sich davon nicht abschrecken - genießen Sie vielmehr die Herausforderung. Sie paßt zu jedem, der einen gestylten Look mit der modernsten Ausstattung haben will.

rechts Ein Badezimmer im modernen Stil kann mit seinen klaren, einfachen Linien so wunderbar erfrischend sein. Das Farbthema ist fast monochromatisch, nur das Beige des Marmorwaschbeckens und der sanfte Grünton der Duschkabine geben einen Hauch Farbe. Beachten Sie, wie der Umriß des Raumes clever durch eine Reihe von andersfarbigen Abschlußkacheln rund um die Wände auf dem Boden betont wurde.

Fokus auf Details

Das moderne Badezimmers wirkt klar und aufgeräumt, und daher sollten Details auf ein Minimum beschränkt und mit großer Sorgfalt ausgesucht werden. Am wichtigsten ist die Auswahl der Materialien und Armaturen. Diese Details geben dem Raum sein klares, durchgestyltes Feeling.

Moderne Badezimmerutensilien können alle nur wirklich geschätzt werden kann, wenn der Raum schlicht bleibt. Der Prozess ist vergleichbar mit dem Absuchen eines Raumes mit einer Lupe, um Ihnen einen Reichtum an Details zu offenbaren, den Sie vorher nicht bemerkt haben.

DIE MATERIALIEN

Der Fokus des modernen Badezimmers liegt auf den Materialien und den klaren Konturen des Raumes und seiner Einrichtung. Funktionale Details wie Regale und Schränke sollten in das Gesamtdesign integriert werden. Denken Sie daran, daß Glasregale die leichte, luftige Atmosphäre des Raumes unterstützen, das Licht frei durchdringen lassen und Sie so dunkle Ecken vermeiden.

Eine Glaskonstruktion für die Dusche ist sinnvoll, da sie ebenfalls lichtdurchlässig ist und das Transparente des Raumes unterstützt. Sie können zwischen Klarglas, Mattglas oder Glasbausteinen wählen.

WASSERHÄHNE

Wenn Sie Wasserhähne aussuchen, wählen Sie am besten Chromhähne in einem High-Tech-Design mit separatem Kalt- und Warmwasserhahn, oder entscheiden Sie sich für eine eher traditionell aussehende, verchromte Mischbatterie mit Keramikkopf. Neben der Auswahl von Metalloberflächen zwischen supermodernem oder traditionellen Design können Sie die Hähne direkt in das Waschbecken integrieren oder Wandanschlüsse wählen.

Alle anderen Details wie schöne Seifenschalen oder die Seifen selber sind nur Seitenaspekte, eher als i-Tüpfelchen gedacht. Eine einfache Glasflasche, eine einzelne Muschel, ein verchromter Spender oder Tissueschachtelhalter, alles fungiert als minimales Detail, welches nicht von der modernen Gesamtlinie des Raumes ablenken darf. Ein einzelner Druck oder ein Foto an der Wand geben den ansonsten eher gedeckten Farben einen Farbtupfer und dienen gleichzeitig als Blickfang.

links Dieses Beispiel zeigt hervorragend, wie sich eine aufmerksame Auswahl von Details auszahlt. Eine Chrommischbatterie eingesetzt in ein cremefarbenes Waschbecken schafft einen eleganten, ausgefallenen Blickpunkt. Dieses Arrangement von Wasserhähnen, Marmor und eingebautem Waschbecken ist sehr charakteristisch für Europa. Die Mosaikkacheln als Spritzschutz sind ein subtil gemusterter Hintergrund.

oben rechts Simple Motive können mit Mosaikkacheln erreicht werden, und können eine schöne Borte oder ein Fries um Ihr Bad herum bilden. Diese abstrakte Interpretation einer Welle gibt dem Raum ein erfrischend nautisches Flair. Sie können einen ähnlichen Effekt mit Schablonen auf einfarbigen Kacheln erzielen, falls Mosaik nicht in Frage kommt.

unten links Wenn Sie sich auf die Details dieser Art von Badezimmer konzentrieren, bekommen selbst die Seifen eine neue Bedeutung. Textur, Farbe und Form tragen alle zum Gesamteindruck bei. Diese handbemalte Schale für die Seifen z.B. scheint nicht von größerer Bedeutung zu sein als ihr Inhalt und doch wurde sie zur optischen Ergänzung sorgfältig ausgewählt.

unten rechts Eine Sammlung verschiedener Objekte ist etwas sehr Attraktives. Die natürliche Struktur dieser Luffaschwämme bringt eine warme, weiche Note in das ansonsten kalte Chrom und die Kacheln dieses Badezimmers.

Licht

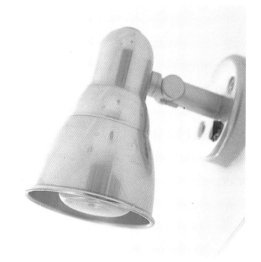

Beleuchtung spielt eine zentrale Rolle bei diesem Look, da sie die Schlichtheit der Linien und natürliche Schönheit der Materialien besonders hervorhebt. Verstärken Sie das leichte, luftige Flair des Raumes durch Maximierung des Tageslichtes.

Die ideale Lösung dafür wäre es, die Fenster völlig frei zu lassen, aber das ist meist nicht praktikabel. Ob Ihr Badezimmerfenster nun groß oder klein ist, verringern Sie seine Größe auf keinen Fall durch das Anbringen von Gardinen. Alternativ sind Raffrollos oder Jalousien in neutralen Farben die kompaktere und bessere Lösung.

GESTREUTES TAGESLICHT

Tageslicht, das gestreut wird, ergibt einen sehr angenehmen Effekt. Gazeschleier oder zarter Netzstoff vor den Fenstern mildern Schatten und harte Oberflächen eines Raumes ab und produzieren ein himmlisches, ätherisches Flair. Die Alternative zu Stoffiltern wäre mattiertes Glas. Diese Lösung ist dauerhafter und besser geeignet, um ungebetene Einblicke abzuschirmen.

Die Schönheit des modernen Stils liegt in der Art und Weise, wie er die hellen Wände und reflektierende Oberflächen nutzt, um den Tageslichteffekt zu verstärken. Der Raum erscheint größer und heller, wenn das Tageslicht optimal genutzt wird.

KÜNSTLICHES LICHT

Die Auswahl künstlicher Lichtquellen ist wichtig und bedarf besonderer Planung. Ob hinter mattiertem Glas versteckt oder eingelassen in Decke oder Boden, die Lichtquelle sollte diskret und möglichst unsichtbar sein. Da das Hauptaugenmerk hier auf einem Minimum an visuellen Ablenkungen liegt, würden alle traditionellen Wand- oder Deckenleuchten nicht zu diesem puristischen und schlichten Look passen.

Oft ist es unmöglich, die Lichtquelle völlig zu verstecken, weshalb deren Design um so wichtiger ist. Eingelassene Strahler, egal ob für Decke oder Fußboden, haben einfache, einfarbige oder Metalloberflächen, die das Design des Raumes ergänzen.

Eingebaute Leuchtstoffröhren unter Fensterbrettern, Regalen oder dem Badewannenrand bieten eine zusätzliche Lichtquelle, die außerdem die Formen über ihnen betonen. Auch Spiegel und Spiegelschränke können eine integrierte Beleuchtung enthalten.

oben links Eine interessante Alternative zu eingebauten Strahlern ist dieses charaktervolle, wandmontierte Spotlight. Der Spot ist drehbar, was Ihnen volle Kontrolle über den Lichtkegel gewährt, den Sie frei auf alles richten können, was Sie heller oder betont haben wollen. Der Vorteil dieses Spots ist, daß - egal wo Sie ihn angebracht haben - der Lichtstrahl flexibel eingesetzt werden kann, auch wenn die Lampe fest installiert ist.

unten links Im Fußboden eingebaute Beleuchtung ist eine diskrete, subtile Alternative zu Wandlampen und produziert einen dramatischeren Effekt. Chromfassungen in schiefergrauen Kacheln bewirken einen besonders eleganten Look in diesem gestylten Badezimmer.

rechts Schlicht, aber elegant ist die beste Beschreibung für dieses Fenster. Viele Meter zartes Netzmaterial hängen über einer schmiedeeisernen Gardinenstange. Der duftige Stoff streut das einfallende Tageslicht und erzeugt so ein wunderbar sanftes Licht. Aufmerksamkeit für Details hat sich hier bei diesem Stoff mit seiner dezenten Struktur mehr als bezahlt gemacht.

Oberflächen und Veredelung

Um den sauberen, kosmopolitischen Look des modernen Badezimmers weiterzuführen, sollten die Fußböden gewagt, aber nicht aufdringlich sein.

NEUTRALE FARBEN

Wann immer Sie glasierte, marmorierte oder mosaikförmige Kacheln verwenden, sollten die Farben einfach, hell und neutral sein, z.B. weiß oder grau. Eine einzelne Reihe kontrastierender oder gemusterter Kacheln kann einen Abschluß bilden. Das ergibt einen abstrakten, geometrischen Blickfang auf dem Fußboden.

Wenn Sie keinen Abschluß wollen, können Sie die Kacheln als Spritzschutz für Waschbecken und Badewanne hochziehen. Dieses kann den wundervoll luxuriösen Effekt erzielen, daß Ihr Badezimmer aussieht, als ob es sich auf dem Grund eines Marmor- oder Kachelswimmingpools befindet.

Industrieller Gummifußboden ist eine andere Stilrichtung. "Industriell" mag ein bißchen abschreckend klingen, aber der Look könnte für Ihren Citybad-Fußboden durchaus seinen Reiz haben. Es gibt ihn in vielen Farben und Oberflächen, was ihn zu einer ansprechenden, praktischen Alterna-

tive zu Kacheln macht. Und er ist wesentlich angenehmer für nackte Füße.

Idealerweise sollte das moderne Badezimmer keine Trennwände haben, da diese den Raum aufsplitten und schattige Bereiche bilden, was den Effekt von Geräumigkeit stören würde. Wenn Sie einen Bereich abtrennen müssen, z.B. für eine Dusche, dann sind Glasbausteine eine gute Wahl.

Das dicke Glas verzerrt das Licht und bewirkt einen wirklich coolen Effekt, als ob man durch Eiswürfel schaut. Diese Eigenschaften machen Glasbausteine zu einem idealen Filter, um natürliches oder künstliches Licht weicher und angenehmer zu machen, besonders anstelle eines Fensters.

EIN RAUMTEILER

Um einen alternativen Raumteiler für Ihr Badezimmer herzustellen, spannen Sie einfach einen feinen, dünnen Stoff wie Musselin über einen Rahmen. Indem Sie den Raumteiler frei in den Raum stellen, können Sie ihn jederzeit bewegen.

Halten Sie die Wände in hellen und neutralen Tönen. Nehmen Sie bitte kein grelles Weiß, da dies die schönen, subtilen Naturtöne der Rohmaterialien erschlagen würde.

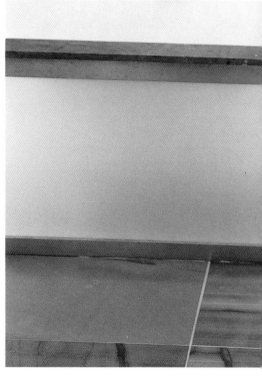

oben links Ein schöner Streifeneffekt wurde hier durch den Einsatz von Tünche und Lack auf einer verputzten Wand erzielt. Tünchen ist eine einfache Technik zum Selbermachen, besonders, um kleine Unregelmäßigkeiten in den Wänden herunterzuspielen, da diese einfach im Gesamteffekt untergehen.

unten links Grüne Kacheln und sanftes Licht wurden hier kombiniert, um eine von hinten beleuchtete Wandverkleidung zu schaffen. Dies gibt die wundervolle Illusion, unter Wasser zu sein. Das ist die ideale, Atmosphäre für jeden, der nach einem langen Arbeitstag ein langes, erholsames Bad genießen will.

rechts Die Höhenunterschiede wurden durch die grünen, um die Ränder herum verlegten Kacheln noch unterstrichen. Dieser simple, geometrische Effekt ist interessant, aber nicht ablenkend. Es ist immer eine Überlegung wert, Höhenunterschiede als Blickfang einzubauen.

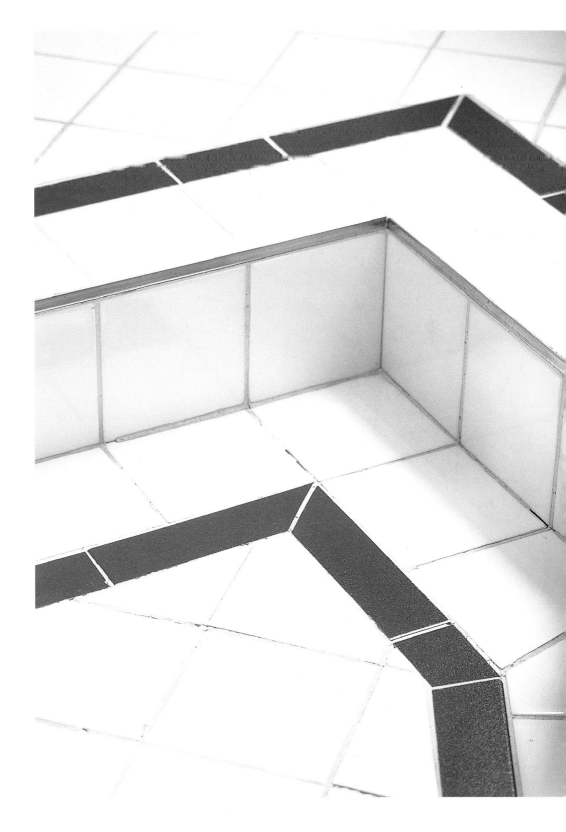

43

Accessoires

Dies ist ein so einmalig individueller Stil, daß Sie wahrscheinlich etwas länger suchen müssen, um die richtigen "Zutaten" zu finden. Der moderne Look ist frisch, und seine Modernität hängt sehr von der Verwendung neuer, ungewöhnlicher Installationen und aufregenden Rohmaterialien ab, im Gegensatz zu den herkömmlichen, überall erhältlichen Allerweltsartikeln.

NEHMEN SIE SICH ZEIT

Seien Sie kreativ, und nehmen Sie sich Zeit, das auszuwählen, was Sie wollen und herauszufinden, wo Sie es herbekommen. Eine große Auswahl von Zubehör zu vielen verschiedenen Stilrichtungen gibt es bereits in Kaufhäusern, und Sie werden dort Stoffe, Gardinenstangen, Handtücher und einige Armaturen sowie Installationsteile finden. Aber den größeren Teil Ihrer Einkaufsliste wie Waschbecken, Badewanne, Kacheln, Lampen, Marmor, Metall, Glas oder Mosaiken erhalten Sie nur im Fachhandel.

Die Art der einzelnen Elemente und ihrer Kombination ergeben so den einmalig individuellen Look. Sehr wenige Stücke - außer Bildern vielleicht - finden Sie bei Altwarenhändlern oder in Secondhandläden.

Bedenken Sie, daß die Inspiration für diesen Badstil aus der modernen Architektur und dem Inneneinrichtungsdesign kommt, also vermeiden Sie "Retro"-stücke.

Einfache weiße oder mit Spiegeln versehene Badezimmerschränke können die Fülle von Stilsünden verstecken, die wir alle gerne ansammeln. Essentielle Dinge wie Duschgel oder Shampoos können in zueinander passenden, einfachen Plastik- oder Glasflaschen mit bunten oder verchromten Verschlüssen umgefüllt werden. Zahnbürsten und Zahnpasta finden in gestylten Chromhaltern Platz. Wannenablagen und Rollwagen gibt es auch schon im Chromgitterdesign und können für Ihre Schwämme, Seifen und Bürsten benutzt werden.

ABSCHLIESSENDER TOUCH

In Designerläden finden Sie zusätzliche Details. Hier bekommen Sie das Neueste zum Thema Beleuchtungsdesign, die letzten Angebote importierten, exotischen Steinguts oder einfach nur ungewöhnliche Seifen und Schwämme. Das hört sich extravagant an, aber wenn es genau das Richtige ist, dann gönnen Sie sich diesen Luxus als abschließenden Touch für Ihr Badezimmer.

oben links Die einfachsten Details können erstaunlich effektiv sein. Hier harmoniert ein Zahnputzbecher aus poliertem, rostfreien Stahl sehr gut mit dem glänzenden Chrom der Wasserhähne und verstärkt den schnittigen Eindruck dieses Bades.

unten links Ein schachtelförmiger Spiegel wurde hier winkelig neben dem Fenster angebracht, um maximalen Lichteinfall zu gewährleisten. Er ergibt eine ganz andere Perspektive als flache Wandspiegel.

rechts Ob sie nun geerbt oder nur in einer Kunstdruckerei gekauft wurden, Bilder geben einem Raum mehr Flair. Diese Bilder in schweren Rahmen sind auf Glasregalen so positioniert, daß sie fast im Raum zu schweben scheinen, was diesem ansonsten eher stark reglementierten Bad einen interessanten Touch von zufälliger Ungezwungenheit gibt.

Da das Bad generell als das unwichtigste Zimmer gilt, wird ihm auch meistens der geringste Platz zugestanden. Sind Sie Besitzer eines solchen Bades, verzweifeln Sie nicht!

VORGEHENSWEISE

Es gibt zwei grundsätzliche Arten, an dieses Problem heranzugehen. Der reinweiße Minimalismus-Look wäre die offensichtliche Wahl, da er die Illusion von viel Raum erzeugt, aber das kann kalt und klinisch aussehen. Oder Sie machen den Raum so mutig und farbenfroh wie nur möglich.

Sie können so viele platzsparende Tricks wie möglich anwenden, aber das Hauptziel ist, Ihr Badezimmer in eine wahre Augenweide zu verwandeln. Sobald Sie den Grundriß für Ihr Badezimmer ausgearbeitet haben, inklusive aller sanitären Einrichtungen, ist der Rest reine Ästhetik.

AUSWAHL DER FARBEN

Beginnen Sie mit den Farben für die Wände, Fußböden und Einbauten. Farbe ist das stärkste Bindeglied, das alles andere zusammenhält, also beschränken Sie sich auf zwei oder drei Farben. Haben Sie keine Angst vor intensiven, mutigen Farben, denn diese erzeugen eine reiche, prächtige Atmosphäre.

Da Platz der allerwichtigste Faktor ist, nutzen Sie alle Nischen und Ecken für Regale und Schränkchen. Bauen Sie alle Schränke oder Kommoden in Ecken oder unter das Waschbecken, um ein aufgeräumteres, offeneres Raumgefühl zu erzeugen, indem Sie es vermeiden, daß irgendetwas in den Raum hineinragt. Schrauben Sie Spiegel oder Handtuchhalter direkt an die Wände, so daß sie sowenig Platz wie möglich wegnehmen, und lassen Sie es nicht zu, daß irgendwelche Möbel zuviel Fußbodenraum in Anspruch nehmen.

Nur eine Dusche zu installieren, würde natürlich Platz sparen, aber wenn Sie nicht auf Ihre "Wasserspiele" verzichten wollen, brauchen Sie die Badewanne nicht zu opfern. Arbeiten Sie sich darum herum. Machen Sie die Badewanne zu einem positiven Blickfang. Sollte Ihr Bad lang und schmal sein, konnten Sie die Wanne am Ende des Raumes einbauen, mit Marmor einfassen, die Wände damit verkleiden und so eine schöne, dekadente Nische kreieren.

SPIEGLEIN, SPIEGLEIN AN DER WAND

In kleinen Bädern mit wenig oder gar keinem Tageslicht brauchen Sie auf jeden Fall Spiegel, um wenigstens das bißchen vorhandene Licht zu reflektieren. Sollten Sie kein Tageslicht haben, können Sie Spiegel für interessante Lichteffekte einsetzen. Durch Spiegelreflektionen können Sie die Illusion unbegrenzten Raumes schaffen.

Minimalismus

Platz ist besonders in Stadtwohnungen ein so weitverbreitetes Problem, daß einfach simple Lösungen gefunden werden müssen. Denken Sie bei Ihrem Badezimmer nicht so sehr an „eng", eher an „intim", und kreieren Sie dann ein kleines Juwel von einem Raum.

rechts Die Linien dieses Badezimmers sind alle sauber und klar. Das Farbthema in Grau und Weiß ist sehr schlicht und lenkt nicht ab. Ein großer Spiegel verstärkt das einfallende Licht im Raum und läßt ihn größer und luftiger aussehen. Details sind auf ein striktes Minimum reduziert, um Ablenkung und Chaos zu vermeiden. Dieses Beispiel zeigt, wie auch ein kleines, kompaktes Badezimmer trotz seines Mangels an Platz kraftvoll und ansprechend sein kann.

Fokus auf Details

Kleine Badezimmer haben ihren ganz eigenen Charme. Für diesen besonderen intimen Ort müssen Sie den so bedeutsamen Details sorgfältige Überlegung widmen. Dies ist nicht der Ort zum Abladen der unerwünschten Geburtstags- oder Hochzeitsgeschenke, da sie den Raum entwerten.

Reduzieren Sie das Bad nicht auf den Platz für ein WC, sondern betrachten Sie es als einen Ort zur Ausstellung Ihrer Schätze. Es ist gleich, ob das persönliche Erinnerungsstücke sind oder eigens für diesen Raum gekaufte Dinge, die diesem simplen, kleinen Zimmer neuen Glanz verleihen.

WENIGER IST MEHR

Bedenken Sie, daß einige wenige, ausgesuchte Objekte immer viel wirksamer sind als eine verwirrende Ansammlung. Die Objekte scheinen kostbarer, egal was ihr tatsächlicher Wert ist. Parfüm- oder Aftershaveflaschen bekommen z.B. einen völlig neuen Charakter, wenn sie auf einem mehrstöckigen Glasregal arrangiert werden, das in eine Nische eingesetzt, diskret von eingebauten Strahlern beleuchtet wird. Auf diese Weise verwandeln sich die Flaschen mit verschiedenfarbigen Flüssigkeiten in wahre Schätze. Das Design von Kosmetikartikel des täglichen Bedarfs ist meist nicht sonderlich attraktiv, und ihre Präsenz bringt Unordnung in den Raum.

AUFBEWAHRUNG

Wenn Sie gestylte Schlichtheit in Ihrem Bad wollen, müssen Sie diese Dinge außer Sichtweite aufbewahren, solange sie nicht benutzt werden. Traditionelle Schränke sind gut, aber nicht praktisch für den geringen Platz, da sie in den Raum hineinragen. Sie können auch einen Unterschrank mit Schubladen unter ihr Waschbecken setzen.

Wann immer Sie etwas an die Wände hängen, überlegen Sie sich gut wohin. Hängen Sie nichts zu tief, denn das ist nicht elegant. Spiegel müssen natürlich in einer praktischen Höhe angebracht werden, aber versuchen Sie, anderen Objekte wie Bilder, Kerzen oder Skulpturen etwas höher zu hängen, so daß sie immer in den Spiegeln zu sehen sind. Das bewirkt einen ganz anderen Blick auf den Raum. Egal ob Sie nun einen klassischen oder eher modernen Look gewählt haben, versuchen Sie, die jeweils passenden Armaturen und Installationen einzubauen.

oben links Die beste Möglichkeit zum Platzsparen ist, jeden Zentimeter Raumes so ökonomisch wie möglich zu nutzen. Hier sind Regale in jeden vorhandenen Raum eingebaut worden, um alles an Kleinkram sauber aus dem Weg zu haben. Der Spiegel am Ende des Badezimmers mit seinem dezent weißen Rahmen paßt sehr gut zu dem allgemeinen Farbthema des Badezimmers und vermittelt den Eindruck von mehr Raum und Licht.

unten links Es gibt mittlerweile viele Hersteller, die sich auf Miniwaschbecken spezialisiert haben, die besonders gut in kleine Badezimmer hineinpassen und nicht zuviel Platz wegnehmen.

oben rechts Diese Badewanne ist besonders klein, so daß sie weniger Platz wegnimmt als eine Badewanne in Standardgröße. Die Wasserhähne und die Duschbatterie sind direkt in die Wand eingebaut, was ebenfalls Platz spart.

unten rechts Je kleiner Ihr Badezimmer ist, desto mehr Bedeutung hat die Auswahl der Accessoires. Diese schönen Glasobjekte und der hübsche, polierte Stein haben eine sehr ansprechende, greifbare Qualität und ergeben ein erstaunlich simples Arrangement.

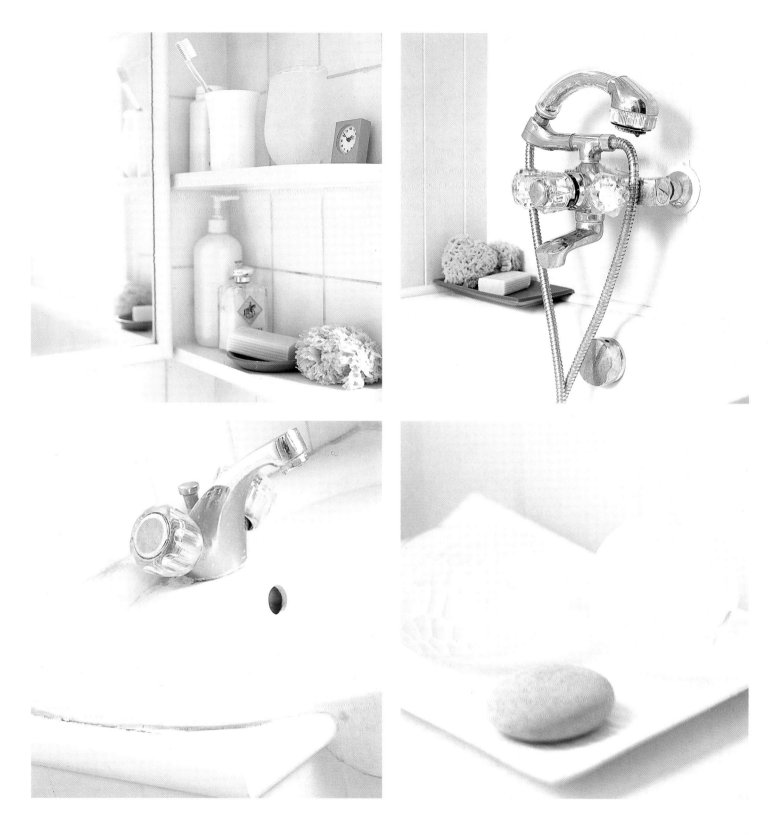

Licht

Nicht alle kleinen Badezimmer haben Fenster, und wenn eines existiert, ist es wahrscheinlich nicht sehr groß. Da Sie einen intimen, charaktervollen Ausdruck für Ihr kleines Badezimmer möchten, machen Sie sich keine Sorgen, falls Sie keines haben.

Versuchen Sie eine optische Täuschung: Malen Sie ein Fenster mit Aussicht auf eine Wand oder hängen Sie einen Fensterrahmen an die Wand, der statt Glas einen Spiegel enthält. Dieser erweckt so den Eindruck eines Ausblicks in ein anderes Zimmer.

Sollten Sie das Glück haben, ein echtes Fenster zu besitzen, egal wie klein es ist, dann sollten helle Farben und große Spiegel den Effekt des Tageslichts soweit wie möglich verstärken. Andererseits können Sie das Fenster auch mehr als Ihr privates Bullauge zur Außenwelt betrachten denn als reine Lichtquelle.

KÜNSTLICHES LICHT

Wenn Sie künstliche Beleuchtung für Ihr Badezimmer benutzen, stellen Sie sicher, das sie nicht störend wirkt. Konzentrieren Sie sich auf den Einsatz von diskreten, wandmontierten Lampen, um so die Störung durch herunterhängende Kon-

struktionen zu vermeiden. Wandmontierte, nach oben gedrehte Halbschalen oder Kelche sind ideal. Sie beleuchten nicht nur die direkte Umgebung, sondern geben auch dem Rest des Raumes durch die Deckenreflektion ein sanftes, angenehmes Licht.

Zu diesem Zweck ist es am sinnvollsten, die Decke weiß oder in einer anderen, sehr hellen Farbe zu streichen. Die Wandlampen sollten möglichst in der gleichen Farbe wie die Wände sein, um sie so zu fast unsichtbaren Lichtquellen zu machen. Diese Art der Beleuchtung ist einer härteren, direkteren vorzuziehen. Montieren Sie lieber mehrere dieser Lampen in Ihr Bad und benutzen dabei Glühlampen mit geringer Wattzahl als wenige Lampen mit zu hellen Birnen.

Unterstützen Sie das noch mit besonderer Beleuchtung. Kleine Leuchtröhren in Wandnischen versteckt, über Spiegeln oder Glasregalen ergeben eine nach unten gerichtete, diffuse Helligkeit im ganzen Raum. Kreieren Sie Lichtoasen durch den Einsatz von Spots, die Sie auf bestimmte Bereiche oder Gegenstände richten. Versuchen Sie Platz für Kerzen zu finden. Sie erzeugen ein fast magisches Licht, das Ihr Bad in etwas ganz Besonderes verwandelt.

oben Eingebaute Deckenstrahler sind unauffällig und stören den Gesamtausdruck des Raumes nicht. Setzen Sie sie direkt über den Waschbecken und der Badewanne oder in regelmäßigen Abständen an der Decke, um einen hellen Gesamteindruck zu erreichen.

links Dieses Bad profitiert von ~~einem extragroßen Fenster, das~~ zu einem wichtigen Attribut wurde, indem der darum liegende Bereich besonders einfach und schlicht ist. Ein auffallendes Rollo bietet sowohl Blickschutz als auch einen Farbfleck in dem sonst etwas einfarbigen Raum.

oben Der geniale Einsatz von ~~Spiegeln lässt dieses Bad groß~~ und luftig erscheinen. Indem man Spiegel an aneinandergrenzenden Wänden anbringt, kreieren Sie die Illusion von mehr Raum. Durch die Reflektion scheint es, als ob Sie durch Fenster in andere Räume schauen.

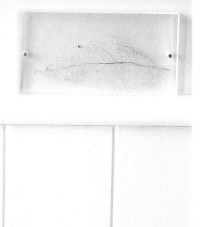

Oberfächen und Veredelung

oben Die flachen Vertiefungen zwischen den einzelnen Paneelen sind ein elegantes und diskretes architektonisches Detail. Die flache Abschlußleiste über dem Paneel ist eine schmale Stellfläche für Dekorationen.

Die einfachste Lösung des Platzproblems in einem kleinen Badezimmer ist es, die Zahl der Details auf ein Minimum zu reduzieren, um dadurch die Proportionen des Raumes zu vergrößern. Es ist z. B. durchaus eine Überlegung wert, ein kleineres Waschbecken oder eine kleine Badewanne anzuschaffen, die dann quer in das schmale Ende des Badezimmers paßt. Sie können eventuell sogar eine kompaktere Toilette in Erwägung ziehen.

Ihr Badezimmer sollte sowohl intim als auch interessant sein, ohne überladen und vollgestopft auszusehen. Sie werden noch mehr clevere Lösungen finden müssen, die den Eindruck von mehr Raum bewirken, wie z. B. die Reduzierung von Details.

FUSSBODENBEREICH

Seltsamerweise passen festverlegte Teppichböden am besten kleine Badezimmer. Indem man die Farbe des Fußbodens in jeden Winkel und jede Ecke verlaufen sieht und so der Fokus des Auges ausgedehnt wird, entsteht die Illusion von größerer Weite. Die Kombination von Holzbretterboden mit Kelims oder Badematten dagegen bewirkt eher eine optische Aufsplittung des

Bodenraums durch die unterschiedlichen Farben und Muster, wodurch ein kleines Badezimmer noch kleiner wirken würde. Ein anderer Weg, Ihren Fußbodenraum größer erscheinen zu lassen, wäre es, helle Kacheln mit kleinen, dunklen, diamantförmigen Mustern zu verlegen. Dieses kleine Muster flutet den Boden mit einer Unzahl von Diamantformen und erweckt den Eindruck von viel mehr Weite. Sie können auch Linoleum mit demselben Muster nehmen, was wesentlich billiger ist und den gleichen Effekt erzielt.

MOSAIK

Mosaikkacheln sind eine clevere Lösung. Diese kleinen Keramikstückchen sind eine Art Miniaturversion normaler Kacheln, und die große Anzahl, die Sie selbst für kleine Bereiche brauchen, hat den Effekt, den Raum um vieles größer aussehen zu lassen.

Mosaik ist zeitlos und hat seit der Römerzeit seinen Reiz nie verloren. Für kleine Badezimmer und Duschkabinen ist Mosaik ein ebenso attraktives wie funktionelles Material, das sowohl Nostalgie als auch modernen Chic von heute auf Fußböden und Wände zaubern kann.

unten Ein oder zwei herausragende und interessante Objekte an der Wand können in einem kleinen Raum einen stärkeren Eindruck machen als mehrere weniger bedeutsame Dinge. Hier bietet ein besonders gut ausgesuchtes Bild einen besonderen Blickfang.

unten links Helle Linoleumkacheln machen den Raum größer und sind sowohl angenehm für das Auge als auch sehr praktisch. Linoleumplatten sind leicht zu verlegen und noch einfacher sauberzuhalten. Die graue Scheuerleiste bietet einen leichten Kontrast und bildet einen "Rahmen".

oben Ein hoher, flacher Wandheizkörper nimmt so gut wie kaum Platz weg. Der davor angebrachte Wandhandtuchhalter ist zusätzlich eine ideale platzsparende Lösung. Außerdem sind die Handtücher nach dem Baden oder Duschen immer schön angenehm warm.

Accessoires

Durchdenken Sie die Pläne für Ihr minima-listisches Bad sorgfältig, bevor Sie zu einer Einkaufsexpedition für Accessoires aufbre-chen, die den letzten Schliff bringen sollen. Wo und wie Sie Dinge in Ihrem Bad plazie-ren, ist von großer Bedeutung, ebenso die Proportionen der Objekte zueinander und zum Raum. Ihr kleines Bad sollte den glei-chen Effekt hervorrufen wie eines doppelter Größe, d.h. keiner der Einrichtungsgegen-stände sollte von der Gesamtkomposition ablenken oder sie erdrücken.

KLEINE WASCHBECKEN

Wenn Sie ein Waschbecken im Stil eines alt-modischen Waschtisches haben wollen, bei dem das Becken in eine Marmorplatte eingelassen ist, die auf einem Holzschrank sitzt, dann suchen Sie nach einer Gebrauch-ten bei einem Altwarenhändler. Diese werden wahrscheinlich aus alten Hotels oder Schulen stammen, die modernisiert wurden und deshalb von entsprechend geringer Größe sein. Authentische Details wie diese besitzen so viel mehr Charakter

als neue Stücke, aber sind deswegen natür-lich auch immer schwieriger aufzustöbern.

Um das Waschtischthema zu vervollstän-digen, können Sie die entsprechenden Reproduktionen alter Wasserhähne und Einbauten hinzufügen. Stellen Sie nur sicher, daß sie nicht zu groß sind, oder ihre Proportionen nicht mit dem restlichen Raum harmonieren.

Materialien wie Mosaikkacheln gibt es in den meisten Fachgeschäften. Mosaikka-cheln sind meist recht teuer, aber für die

links Nichts ist simpler als ein einfacher, weißer Zahnputzbe-cher mit einer durchsichtigen Zahnbürste darin. Aber simpel heißt nicht langweilig. Es könnte Sie überraschen, wie wirkungs-voll selbst die einfachste Auswahl von Accessoires sein kann.

rechts Selbst die Auswahl einer Seife ist in einem gutgeplanten Badezimmer von Bedeutung. Hier ist ein einfacher Chromseifenhal-ter mit einer naturfarbenen Seife bestückt worden, was erstaunlich schlicht aussieht und sehr gut zu dem neutralen Farbthema paßt.

rechts Wasserhähne in antikem Stil gibt es als gute Reproduktionen in einer großen Zahl von verschiedenen Ausführungen. Antikisierte Messing-, Bronze- oder Kupferoberflächen lassen sie den Originalen unglaublich ähnlich sehen. Die abgebildeten Hähne haben einen sehr kurzen Hals und wurden an die Wand montiert, um Platz zu sparen.

kleinen Flächen des Minimalismus-Bades sollten die Kosten tragbar sein. Sie werden natürlich höher sein, wenn Sie sich für ein besonderes Fußbodenmuster oder ein spezielles Wandfries entscheiden, aber es sollte Sie der Gedanke trösten, daß Sie daran ein Leben lang Freude haben werden.

Lampen brauchen keine Sonderanfertigungen zu sein und sind einfach zu finden. Es ist mehr die Art, wie Sie die Lampen in den Raum integrieren, die sie zu etwas Besonderem machen, als die Lampen selber.

AUFGERÄUMT

Trivialisieren Sie Ihr Badezimmer nicht, weil es klein ist, indem Sie unerwünschte Bilder dort aufhängen. Es wäre viel besser, nichts anzubringen als etwas, was das Auge beleidigt. Wenn Sie etwas an die Wand hängen wollen, wählen Sie es sorgfältig aus und nehmen Sie, was Ihnen wirklich gefällt.

Für den generell aufgeräumten Look eines Minimalismus-Bades ist es am besten, alle Einrichtungsgegenstände einzubauen oder zu verstecken und nur eine Ecke für Dekorationen übrig zu lassen. Kreieren Sie eine Nische oder einen Alkoven mit Glasregalen für Erinnerungsstücke, die Sie über die Jahre angesammelt haben. Alternativ können Sie bei Null mit einer neuen Sammlung von Objekten anfangen, die Wärme und Charme in den Raum bringen sollten.

Die Shaker waren eine religiöse Gemeinde, die um 1780 gegründet wurde. Sie trennten sich von der Außenwelt und lebten ein einfaches, geordnetes Leben, indem sie alles als Gemeinbesitz betrachteten und die tägliche Arbeit gemeinsam verrichteten. Sie bauten fast alles selber an und stellten das meiste selber her, auch die Häuser. Die Shaker glaubten an das Schlichte und Praktische, und ihre Häuser hatten kein überflüssiges Gerümpel und aufwendigen Zierrat. Aus diesem Glauben heraus entstand eine unvergleichliche Handwerkskunst, welche den Shakerobjekten ihre große Schönheit und Grazie gab.

ÜBERNAHME DES LOOKS

Übernehmen Sie den Shaker-Stil, indem Sie sich von echten Shakerräumen die Elemente ausleihen, die Sie am meisten inspirieren. Lassen Sie sich nicht von der Strenge abschrecken, sondern erzeugen Sie den Look in einer wärmeren Version.

Der Shakerraum war durch einfache, weiß verputzte Wände mit hölzernen Bereichen wie der Holzleiste geprägt, einem Hängebord aus Holz und gebeizten oder gestrichenen Fensterrahmen. Außer diesen Elementen gab es keine weiteren architektonischen Merkmale wie Vorsprünge oder Simse. Die wurden als unnötig betrachtet und waren daher verboten. Sie müssen sich natürlich nicht so strikt an jedes Gebot der Shaker halten.

STAURAUM

Einbauschränke und Kommoden waren der Hauptstauraum in einem Shakerhaus. Diese Möbelstücke sind rein funktional, besonders da sie, anders als freistehende Schränke oder Kisten, keine Flächen als Staubfänger obendrauf oder darunter haben.

Die Einbauschränke waren schlicht und anspruchslos, aber exzellent verarbeitet und von eigener Eleganz und Schönheit. Das Lagersystem war so angelegt, daß es eine ganze Wand einnahm.

NUR DAS NOTWENDIGSTE

Alle Möbel in einem Shakerzimmer waren funktional, niemals dekorativ. Nur notwendige Dinge, wie Betten, Stühle oder ein Tisch sind auf Bildern von Shakerräumen zu sehen. Stühle sind einfach, aber elegant, wunderschön verarbeitet und so leicht, daß sie - wenn sie nicht gebraucht wurden - an Wandhaken gehängt werden konnten.

Kleinere Gegenstände wurden ordentlich, sauber und staubfrei gehalten, indem sie in runden oder ovalen Schachteln verstaut wurden, die es in verschiedenen Größen und Farben gab, obwohl sie eigentlich für den Einbauschrank gedacht waren.

Shaker

Die Shaker waren eine amerikanische Religionsgemeinschaft aus dem 18. Jahrhundert, ähnlich den Amish People. Sie glaubten an das Praktische und Effiziente, und ihre Heime waren geprägt von sachlicher Schlichtheit und schöner Handwerkskunst.

rechts Dieses helle und luftige Badezimmer zeigt mehrere charakteristische Bestandteile des Shaker-Stils. Es beinhaltet ein Naturholzhängebord vor rein weißen Wänden, einen schachbrettartig gemusterten Fußboden in Anlehnung an die von den Shakern selbstgewebten Textilien und eine vom Fußboden bis zur Decke reichende Schrankeinheit. Obwohl dieser Schrank eine Reproduktion ist, zeigt er doch den simplen und ordentlichen Look der Shaker.

Fokus auf Details

Die Details eines Shakerbadezimmers zu diskutieren, scheint ein Widerspruch in sich zu sein, da sie bei den Shakern ja eigentlich nicht existierten. Davon abgesehen, besteht trotzdem die Notwendigkeit, über die grundsätzlichen Basisbestandteile eines modernen Bades nachzudenken.

Sie sollten sich darum bemühen, den Raum klar und geräumig zu halten, mit sowenig Sachen wie möglich. Die Lösung der Shaker war, ihren Kleinkram in Schränken, Schubladen, Schachteln oder Körben zu verstauen, die auch noch gestapelt schön aussahen. Benutzen Sie diese Idee und kreieren Sie Ihr eigenes Stausystem aus Schachteln oder Blechdosen.

NATÜRLICHE MATERIALIEN

Die Shaker benutzten ausschließlich natürliche Materialien für ihre Einrichtung. Sie bauten ihre Häuser aus Holz und achteten dabei besonders auf die natürlichen Farben und Maserungen der Hölzer. Lassen Sie deshalb alle Holzoberflächen bis auf ein wenig Beize und Politur unbearbeitet.

Integrieren Sie ein Möbelstück aus leichtem Holz in Ihr Badezimmer, wie einen Spiegelrahmen, einen kleinen Tisch oder Stuhl. Der klassische Shakerstuhl hatte eine Sprossenlehne, was zwar leicht aussah, aber extrem stabil und haltbar war. Schauen Sie sich nach einer Reproduktion eines solchen Stuhls um, oder entscheiden Sie sich für einfaches, skandinavisches Design.

DAS ESSENTIELLE

Um Ihr Bad mit einer Badewanne, einem Waschbecken und einer Toilette auszurüsten, wählen Sie einen schlichten Stil aus dem 19. Jahrhundert. Das ergibt ein passendes Flair und wird, obwohl nicht ganz authentisch, genügend von der notwendigen, spartanischen Zweckmäßigkeit vermitteln.

Obwohl nichts zum dekorativen Zweck in der Shakerwelt existierte, möchten Sie vielleicht trotzdem solche Elemente in Ihr Bad einfügen. Diese können so ausgewählt sein, daß sie immer noch Rückschlüsse auf Ihre Inspiration zulassen.

Suchen Sie nach Stücken, die eher simpel und fast primitiv im Design sind oder nach handgearbeiteten Artikeln. Dekorative Zinnwaren, Trockenblumen, Holzhaarbürsten und Seifen in Honigtönen sind nur einige Beispiele von Dingen, die gut in ein Shakerbad passen würden.

oben links Diese Milchglas-Kacheln harmonisieren sehr gut mit ihrer Umgebung und ergeben ein ruhiges Umfeld für das Waschbecken. Die Farbe der beiden eingefügten Blattkacheln ist so ausgewählt worden, daß sie sich wunderbar mit dem Naturholz des Regals und des Spiegelrahmens ergänzt.

oben rechts Die Schlichtheit dieses Teils des Badezimmers ist zum großen Teil nur durch den Einsatz von Farben erzielt worden. Weil die größten Flächen in weiß oder creme gestrichen wurden, kommen die Farben der Details wie des Fußbodens und des Körbchens stärker zum Tragen. Die Blechgegenstände auf dem Holzrahmen passen gut zu dem Chrom der Wasserhähne.

unten links Gerahmte Bilder und Muscheln geben dieser Ecke des Badezimmers eine heimelige Dekoration. Frivole, ablenkende Dinge wie diese wären nie in einem authentischen Shakerbad zu finden gewesen, aber das Holzregal und die schlichten, weißen Wände halten den Geist der Shaker hier dennoch am Leben.

unten rechts Diese Ansicht zeigt viele Bestandteile in gutem Zusammenspiel. Die einfachen, weißen Wände, die schlichten Linien und die Verwendung von Naturholz als Farbtupfer reflektieren Grundprinzipien dieser Stilrichtung. Der Schminktisch gehört zwar eher zum skandinavischen Design, aber er gibt einen guten Ersatz für ein Original ab.

Licht

Shakerhäuser hatten oft große Fenster, manchmal eines nach Osten und eines nach Westen, was eine maximale Tageslichtdurchflutung ergab. Das ermöglichte es den Bewohnern, bei Tageslicht zu arbeiten, solange es ging. Die Benutzung von Kerzen zu limitieren, war nicht nur ökonomisch, sondern reduzierte auch stark die Wahrscheinlichkeit, daß eines ihrer nur aus Holz gebauten Häuser Feuer fing.

Die große Menge an Tageslicht in Shakerhäusern gab ihnen ein geräumiges, luftiges Inneres. Deshalb sollten Sie Ihr Badfenster frei von Gardinen oder Blenden lassen. Sollten Sie einen Sichtschutz benötigen, versuchen Sie es mit Milchglasscheiben ohne Gardinen, oder installieren Sie simple Rollos in neutralen Farben oder einem einfachen Karomuster.

IM RAHMEN

Die Fensterrahmen der Shaker waren meist innen und außen in einem kräftigen, dunklen Ton gestrichen wie dunkelblau, grün oder rotbraun. Das diente eigentlich nur einem rein ästhetischen Zweck, da es einen schönen Rahmen für das einströmende Licht im Inneren abgab. Es war wahrscheinlich ein architektonisches Detail, das von den Kolonialstilhäusern kopiert wurde.

BELEUCHTUNG

Elektrisches Licht für diese Art von Badezimmer ist durchaus eine Diskussion wert, da die Shaker nur Kerzen oder Paraffinlampen benutzten. Sie müssen nur lernen, wie ein Shaker zu denken: simpel, ungekünstelt und praktisch. Für eine modernere Version nehmen Sie Glas- oder Halbkugeln auf schlichten Wandhalterungen. Diese Halterungen sollten die Farbe der Wände haben, um sie unauffälliger zu machen.

Wenn Sie etwas mit mehr Zeitgeist wollen, das aber dennoch simpel ist, dann kaufen Sie s-förmige Wandhalterungen aus schwarzem Eisen, welche Reproduktionen von Kerzenhaltern aus dem kolonialen Amerika oder georgianischen England sind. Diese Lampen sehen aus, als ob sie aus Schmiedeeisen handgefertigt worden sind und wirken deshalb so echt.

Kerzen passen perfekt in diesen Stil, ob sie nun benutzt werden oder nicht. Sie erinnern an das Leben vor der Elektrifizierung und bieten sich für eine Vielzahl von Behältnissen und Haltern an.

oben links Dieses Wandlicht bildet einen interessanten Kontrast zu dem sehr traditionell aussehenden Spiegel, der von einem hölzernen Hakenbrett hängt. Obwohl die Lampe recht modern wirkt, paßt sie trotzdem, da sie sehr schlicht ist. Es ist auch hilfreich, daß die Lampe gut mit der Wand harmoniert und so das Auge nicht so sehr ablenkt.

unten links Diese zwei Blechdosen stellen ein Beispiel für eine minimale Dekoration dar. Der quadratische Behälter links trägt eine Kerze, die angezündet das einfache, perforierte Muster von innen beleuchtet. Dieses dekorative Licht ergibt dann eine heimelige und beruhigende Atmosphäre. Der aus Naturholz bestehende Ziehgriff für die Lampe ist ebenfalls ganz im Shaker-Stil.

rechts Das ideale Fenster für ein Bad im Shaker-Stil läßt viel Tageslicht herein, ungehindert durch Netze oder Gardinen. Um diesen Effekt zu maximieren, wurden die Fensterrahmen weiß gestrichen. Das leicht milchige Glas der unteren Scheiben sorgt für einen gewissen Blickschutz.

Oberflächen und Veredelung

Die Wände in einem Shakerhaus waren kahl, ohne jegliche Bilder oder Regale mit Zierrat. Die einzigen Ornamente, die den Raum "schmückten", waren die Mäntel und Hüte, die von den Hakenbrettern hingen. Obwohl Sie nicht ganz so streng sein müssen, ist es doch eine gute Idee, etwas von diesen Gedanken beizubehalten.

Wände sollten in weiß oder creme gehalten sein, was einen schlichten Hintergrund für alles andere abgibt. Holzteile wie die Fensterrahmen, die Scheuerleisten und die Türen können Sie in einem tiefen Dunkelblau streichen, was Ihrem Bad die charakteristische Definition gibt.

KRAFTVOLLE FARBEN

Es ist recht interessant, daß die Shaker trotz ihres spartanischen Lebensstils kraftvolle Farben bevorzugten. Satte Rot-, Braun- und Grüntöne sowie tiefes Blau, Senfgelb und Orange wurden viel verwendet.

Wenn Sie eine kräftige Farbe in Ihrem Shakerbad wollen, sollten Sie vorher einige Nachforschungen anstellen, um die "korrekten" Töne zu treffen. Obwohl die Shaker kraftvolle Farben liebten, waren diese doch niemals grell oder aufdringlich, sondern schienen eher sanft und gediegen.

Wenn Sie sich für die Farben entschieden haben, sollten Sie an die Details für die Wände denken. Eine Holzleiste, wie sie normalerweise um die Wand herum verlief, sollte im Naturlook bleiben. Die Hakenleiste wurde auch aus praktischen Erwägungen unbehandelt gelassen, da die Shaker wußten, daß Farbe oder Lack die alltägliche Belastung nicht überstehen würden.

EINBAUSCHRÄNKE

Ein anderes Wanddetail wäre ein Einbauschrank. Obwohl er offiziell eigentlich ein Möbelstück wäre, macht es die Tatsache, das er an die Wand angebaut wurde und diese damit komplett einnahm, zum einzigen architektonischen Detail des Raumes.

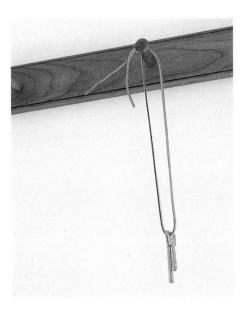

links Ein Hakenbrett im Shakerstil gibt dem Wandbereich mehr Detail. Es zieht sich um den ganzen Raum herum und kann benutzt werden, um wirklich fast alles anzuhängen, vom Fensterschlüssel über Bilder bis zu Spiegeln. Das Holz der Hakenbretter bleibt unbehandelt, da keine Lackierung die Dauerbelastung aushalten würde.

rechts Die subtile Farbgebung und das einfache Muster dieses Linoleums ergeben eine glaubwürdige Impression von handgewebten Stoffen.

links Dieser eingebaute, vom Boden bis zur Decke reichende Schrank ist typisch für die Shaker-methode zur Schaffung von Stau-raum. Während er einem praktischen Zweck dient, ist er gleichzeitig zu einem architektonischen Detail des Raumes gewor-den. Die Kombination von weißem Anstrich und Naturholz beruht ebenfalls auf dem Einfluß der Shaker.

unten Große Schlichtheit des Designs sollte immer als wichtig-stes Prinzip im Mittelpunkt stehen, wenn Sie Ihr Shakerbad planen. Hier sehen wir einfaches Holzpaneel, das auf die simpelste Weise Abwechslung in diesen Teil der Wand bringt.

Versuchen Sie eine ähnliche Konstruktion in Ihrem Bad, die Ihnen gleichzeitig auch eine Menge Stauraum einbringen würde.

PRAKTISCHE ÜBERLEGUNGEN

Bestimmte praktische Überlegungen müs-sen in einem Badezimmer berücksichtigt werden. Die Wände um die Badewanne und das Waschbecken brauchen einen Schutz, und wenn Sie diese Bereiche kacheln, soll-ten Sie glasierte Kacheln in weiß oder hellen Erdtönen wählen.

Alternativ können Sie Holzverschalun-gen anbringen. Das Holzpaneel erinnert an die hölzerne Außenverschalung, die so typisch für Shakerhäuser war. Die Fußbö-den sollten so einfach wie möglich gehalten werden. Leicht gebeizte, dann polierte und versiegelte Dielen sind ideal. Das am meisten verwendete Holz in Shakerhäusern war Kiefer, deren warmer Naturton zum Raumdekor beitrug. Sie können noch eine Matte oder einen Lumpenteppich hinzufü-gen oder anderes mit einem ähnlichen, hausgemachten Touch. Wählen Sie erdige Farben wie senfgelb, rostrot, orange oder kupfer für die Läufer und Teppiche, dann werden die natürlichen Holztöne des Bodens gut ergänzt. Wenn Sie etwas Gemu-stertes aussuchen, nehmen Sie einfache Muster wie Karos, Schachbrett- oder Fisch-grätmuster.

Accessoires

oben Dieser Schminktisch ist klar und übersichtlich gehalten, indem alle kleinen Dinge ordentlich auf einem runden Holztablett verstaut sind, das an die original Shakerschachteln erinnert.

unten Die Shaker benutzten Körbchen für lose Dinge. Dieses Körbchen gibt dem Raum ein natürliches Element, während es als nützlicher Behälter dient.

Shakergemeinschaften sind heute fast völlig verschwunden, es gibt nur noch eine kleine Gemeinde. Logischerweise ist daher die Produktion von echten Shakerwaren so begrenzt, daß sie rar und sehr teuer sind. Es gibt allerdings Firmen, die gute Reproduktionen von Shakermöbeln und anderen Gegenständen herstellen, so daß Sie immer noch ein authentisches Badezimmer schaffen können. Sie können natürlich auch den einfacheren Weg gehen und durch ähnlichen Ersatzstücke immer noch das Flair erzeugen. Die Stücke müssen nur elegant, schlicht und simpel sein und ohne überflüssige Muster und Verzierungen.

GRUNDELEMENTE

Die Grundelemente wie Holzpaneele und die Grundausstattung sind Standard und können in jeder Stadt gekauft werden. Für Einbauschränke im Shaker-Stil sollten Sie einen Tischler konsultieren, der Ihnen die benötigten Teile maßanfertigen kann.

Anderenfalls suchen Sie nach einem einfachen, fertigen Stück, das den von Ihnen benötigten Maßen so nah wie möglich kommt. Befestigen Sie es an der Wand und verwenden Sie Leisten, Unterlegscheiben

und Blenden, bis es paßt und wie ein Einbauschrank aussieht. Wenn Sie nichts finden können, das hoch genug ist, sollten Sie zwei kleinere Schränke oder Kommoden kaufen, diese aufeinander stellen, an der Wand befestigen und verblenden. Wenn die Schubladengriffe nicht passend aussehen, ersetzen Sie diese einfach durch kleinere im Shaker-Stil.

EINRICHTUNGSGEGENSTÄNDE

Viele Baumärkte bieten eine Reihe von shakerinspirierten Möbeln an. Sie können sich auch nach skandinavischen Möbeln umschauen. Der skandinavische Ethos von "Form folgt Funktion" ist dem Shakerprinzip nicht unähnlich und hat ebenso schöne Möbel aus hellen Holzarten produziert, die sowohl einfach als auch elegant sind.

Sie können auch Stücke im amerikanischem Kolonialstil oder im englischen "Arts and Crafts"-Stil finden, die gut mit dem Shaker-Stil harmonieren.

Um dekorative Teile aus Blech oder Körbe zu erstehen, suchen Sie einen Laden mit importierten Handarbeitswaren. Sie können Dinge aus Mexiko, Indien oder Thailand kaufen, die sehr überzeugend wirken.

links Ein Stoffspielzeug hängt von einem Türknopf und gibt dem Raum einen heimeligen Touch. Es beschwört romantische Bilder von Familienleben herauf, einem Element des Shaker-Stils, das oft übersehen wird. Der karierte Stoff, die Trockenblumen und die eingestickte Schrift wirken alle handgearbeitet.

oben Eine der Haupteigenschaften der von Shakern hergestellten Objekte war, daß sie für die Ewigkeit gemacht schienen. Alle Schwachstellen wurden ausgemerzt und so bearbeitet, daß Shakergegenstände nie zerbrachen, rissen oder splitterten. Dieser Weidenkorb zeigt diese typische Robustheit durch den Stahltragegriff im Rand.

Die Menschen des 19. Jahrhunderts reisten viel und waren von dem, was sie auf ihren Weltreisen sahen, oft so inspiriert, daß sie etliches in ihren eigenen Heimen nachzukreieren versuchten.

Da Weltreisen zu dieser Zeit nur für die Privilegierten möglich waren, wurde das Nachahmen einer fremden Kultur auf der Fassade eines Hauses oder nur in einem Raum als eine weitere, exzentrische Macke der gelangweilten Oberschicht betrachtet.

Heutzutage ist die Welt für jeden erreichbar, sei es durch Pauschalreisen oder die Medien. Warum beginnen Sie nicht gerade hier damit, das Beste aus dem Reichtum der Kulturen dieser Welt für Ihre brillanten Ideen umzusetzen? Mit ein wenig Vorstellungsvermögen können Sie eine Umgebung erschaffen, die Sie während eines heißen, dampfenden Bades an einen exotischen Ort entführt.

Ihre Inspiration kann von etwas stammen, das Sie bei einem Urlaub gesehen haben, in einem Buch oder Magazin oder einfach nur von einem ungewöhnlichen Objekt in einem Schaufenster. Wenn Sie sich für eine Kultur als "Ihre" entschieden haben, dann sollten Sie Überlegungen über das passende Farbthema, die Stoffdesigns, die Beleuchtung und die Möbel anstellen.

DAS FARBTHEMA

Farbe ist der wichtigste Faktor bei der Festlegung des Raumthemas, da eine kraftvolle, dominante Farbe die wahre Essenz einer Kultur einfangen kann. Kühle Farben wie Kobaltblau, Türkis oder Aquamarin suggerieren das Mittelmeer oder die Karibik, während warme Farben wie Rost, Terrakotta oder Rot eher den Orient, Afrika oder den mittleren Osten heraufbeschwören. Egal welche Farbe Sie wählen, lassen Sie sie mutig und kraftvoll sein. Fade und blasse Farben werden keine starke Aussage machen.

Das globale Badezimmer braucht Lockerheit; vermeiden Sie hotelähnliche Präzision. Accessoires und Einbauten sollten lässig im Raum arrangiert aussehen.

Benutzen Sie Brücken und Baumwollmatten anstelle von Auslegeware. Setzen Sie das nonchalante, spontane Flair fort, indem Sie interessante Objekte oder Bilder wie zufällig an den Wänden verteilen. Üppige exotische Pflanzen und Blumenvasen passen auch sehr gut. Deponieren Sie Duftseifen in Schalen im Raum wegen des "globalen" Aussehens und Aromas. Räucherstäbchen tragen ebenfalls zur Atmosphäre bei.

Die Möbel sind genauso wichtig. Ein einziges Stück kann den Ton für das ganze Bad angeben. Schauen Sie sich in Secondhandläden um, die besonders auf den Handel mit exotischen Möbeln spezialisiert sind.

Global

Wenn Sie ein wirklich großartiges, echtes Global-Badezimmer kreieren wollen, dann lassen Sie Ihrer Phantasie freien Lauf. Es gibt keine harten und unumstößlichen Regeln, die Sie daran hindern, faszinierende und farbenfrohe Elemente aus verschiedenen Ländern zu mixen.

rechts Die Wärme und der distinguierte Charakter dieses Bades wurden durch die clevere, harmonische Mischung verschiedener Elemente erreicht, z.B. die roten Wände und die rote Holzverschalung der Badewanne zusammen mit dem warmen Metallton der Messing-Wasserhähne und Kerzenhalter. Die Gardinen, welche die Fenster wie ein Zelt einrahmen und die außergewöhnlichen Möbelstücke geben diesem Bad ein marokkanisches oder indisches Flair.

Fokus auf Details

Details sind wichtig und werden letztendlich den kulturellen Einfluß Ihres Badezimmers bestimmen. Wählen Sie den Stil und die Farbe der Kacheln, die Grundausstattung, die Beleuchtung, die Regale und Spiegel sorgfältig aus. Die Details sollten sich ergänzen und zusammenwirken. Wenn Sie den marokkanischen oder orientalischen Look wünschen, passen Spiegel mit Gold- oder Silberrahmen gut. Sollte es der mediterrane Look sein, dann ist geschnitztes, sonnengebleichtes Holz am besten. Für ein fernöstliches Ambiente sind Bambus oder Lack die logische Entscheidung.

Viele Läden sind auf den Verkauf exotischer Waren wie Glas, Keramik, Möbel und Skulpturen aus aller Welt spezialisiert. Sollten Sie das Gesuchte dort nicht finden, bummeln Sie doch einmal über eine Importmesse. Sorgen Sie sich nicht um Genauigkeit, denn Kulturen überlagern sich gegenseitig. Es ist die Essenz einer Kultur oder eines Landes, die Sie kreieren wollen, nicht die perfekte Textbuchversion. Schöne Stücke aus Ägypten, Marokko, Spanien und sogar Peru können leicht in einem Raum zusammen arrangiert werden. Haben Sie keine Angst, zu mischen

und zu experimentieren. Einige der schönsten Looks sind aus "Unfällen" entstanden.

Die Details auf den Fotos gegenüber zeigen eine marokkanische oder türkische Inspiration. Der Kelim auf dem Fußboden, der niedrige Stuhl und der exotische Gardinenstoff reflektieren diesen Look. Der Raum hat durch den Kontrast der schwarz-weißen Bilderrahmen und der Regalstützen einen stark klassischen Einschlag.

Wenn Sie einen ähnlich üppigen, mit Gold verzierten Stoff für Ihren venezianischen oder orientalischen Look suchen, versuchen Sie es bei indischen Händlern, die meist eine große Auswahl von prachtvollen Stoffen zu erschwinglichen Preisen haben.

AUSWAHL DER TEXTUREN

Bedenken Sie, daß die Auswahl der richtigen Texturen genauso wichtig ist wie die der Farben und Formen. Baumwollmatten, Holzschnitzereien, polierte Steine, Keramik und Teppiche mit beeindruckenden Motiven bilden ein kulturelles Thema. Töpfe und Geschirr aus alten Metallen wie Messing oder Kupfer können sowohl funktionale als auch interessante Seifenschalen oder Zahnbürstenhalter abgeben.

oben links Die gekachelte Oberfläche der Umrandung dieser Badewanne vermittelt die Illusion eines eingelassenen türkischen Bades und ist außerdem ein geeigneter Ort für dekorative Details, wie z.B. diese Blumenvase. Die mit Paneelen verkleidetetn Seiten sind ein einfaches, architektonisches Detail im Raum und ergänzen das traditionelle geometrische Design des Teppichs.

oben rechts Diese großartigen Regalstützen sind eigentlich Kragsteine, die in stattlichen, alten Häusern als fiktive Deckenstützen dienen. Sie verwandeln das Regal in einen interessanten, architektonischen Blickfang, und geben dem Raum zusätzlich ein klassisches Flair, ähnlich dem griechischer oder römischer Tempel. Derartige Stücke finden Sie bei Altwarenhändlern oder als Kopien in speziellen Dekoläden.

unten links Ein einzelner Einrichtungsgegenstand kann die Essenz einer Kultur einfangen. Egal ob als Quelle der Inspiration oder als krönender Abschluß, er kann die endgültige Note geben. Zum Beispiel beschwören das dunkle Holz und das faszinierende Muster der Rückenlehne dieses Stuhles automatisch Bilder aus Marokko oder dem Orient herauf.

unten rechts Dieses Doppelwaschbecken, das in einen mit Stoff verkleideten Unterschrank eingepaßt ist, sieht sehr europäisch aus. Details wie die Messingkerzenleuchter verwandeln diesen Teil des Badezimmers beinahe in einen Altar der Hygiene.

Licht

Gute Beleuchtung ist sehr wichtig. Falsches Licht kann das gewünschte Ambiente vollkommen zerstören. Sie müssen sowohl Tageslicht als auch künstliches Licht berücksichtigen.

Fenster bieten Tageslicht, und es hängt von Ihrem Look ab, wie Sie es verwenden wollen. Für den luftigen, mediterranen Look muß der Tageslichteinfall maximiert werden. Gardinen verringern den Lichteinfall und sollten deshalb vermieden werden. Wenn Sie trotzdem welche haben möchten, dann nehmen Sie einen leichten Stoff wie Musselin. Der Lichtpegel kann durch die Wahl heller Farben und durch große Spiegel an den schattigen, weniger beleuchteten Wänden erhöht werden. Diese werden das Licht wieder in den Raum zurückwerfen. Das von den Spiegeln und hellen Wänden reflektierte Licht wird so im Raum gestreut, daß Ihr Bad hell und sonnig wird.

LICHTREGELUNG

Sie können den Lichteinfall variieren, indem Sie Gardinen, Rollos oder Jalousien anbringen. Entscheiden Sie sich für ein Thema und wählen dann die dazu passenden Stoffe aus. Leichten Musselin haben wir

bereits erwähnt. Üppige, prachtvolle Seide oder Brokat suggerieren ein orientalisches Flair. Dieser Look profitiert eher von weniger Tageslicht. Eine andere Atmosphäre wird durch drapierte Stoffbahnen erzeugt. Hölzerne Fensterläden sind eine andere Möglichkeit, den Tageslichteinfall zu verringern. Verwenden Sie Lamellenfensterläden für den Rivieralook oder Raumteiler aus filigranen Holzschnitzereien, die zu Fensterläden umgebaut werden, für einen türkischen oder indischen Akzent.

Künstliches Licht sollte an die Atmosphäre angepaßt sein. Praktisches Licht ist für jedes Badezimmer wichtig, aber zusätzliche Lichtquellen können der Verzierung dienen. Kerzen sind immer gut und Kerzenhalter ein weiteres, schönes Detail. Weiche Spotlights können eine andere Form von stimmungsvoller Beleuchtung sein.

Wenn Sie eine praktische Hauptlichtquelle haben, dann sollten Sie einen Lampenschirm oder Abdeckung finden, die zum Thema passen. Ein Korb - oder Bambusschirm würde z.B. gut zu einem tropischen Thema aussehen, während eine Messinglaterne mit buntem Glas Bilder aus Indien, Tunesien oder Ägypten assoziieren wird.

oben links Dieser große Spiegel fungiert wie ein zweites Fenster, indem er das Licht auf die gegenüberliegende Wand reflektiert. Der massiv aussehende Mosaikrahmen ist einfach, aber effektiv. Ähnliche Rahmen kann man in Läden für afrikanische Kunst finden.

unten links Mit Spotlights können Sie Licht auf spezielle Bereiche des Raumes ausrichten. Dieses hier beleuchtet einen Spiegel stimmungsvoll. Einerseits erfüllt das Licht einen rein funktionalen Zweck, andererseits betont es den ungewöhnlichen, dekorativen Spiegel.

rechts Diese Badezimmer scheint trotz eines einzigen Fensters mit Licht durchflutet zu sein. Um das Tageslicht zu maximieren, wurden keine Gardinen verwendet. Das macht den Fensterrahmen selber zu einem Blickfang, da er in einer kräftigen Kontrastfarbe zur Wand gestrichen wurde.

Oberflächen und Veredelung

Als generelle Regel gilt: seien Sie nicht zaghaft! Haben Sie keine Angst, starke Farben für Ihre Badezimmerwände zu benutzen, Ob hell oder dunkel, eine kräftige, satte Farbe gibt Ihrem Badezimmer Tiefe.

DEKORATIVE TRICKS

Neben einfarbigen Flächen können Sie auch ein dekorativ strukturiertes Design für Ihre Wände benutzen. Wickel- oder Spritztechnik, Schablonen und Tünchsets gibt es in vielen Malergeschäften und Baumärkten.

Diese Effekte können Wände verwittert oder antik aussehen lassen, so daß sie - abhängig von der Farbvielfalt - architektonisch zwischen Mittelmeer und Mexiko eingeordnet werden können. Indem Sie eine dieser Techniken mit einem Wandgemälde oder einem dekorativen Fries kombinieren, können Sie leicht den Eindruck eines Bades in einer altrömischen Villa erwecken.

Manchmal gibt es Sockelkacheln, welche die Wandkacheln farblich von den Fußbodenkacheln absetzen. Glasierte Kacheln

sind praktisch, und können eine gelungene Zutat in Ihrem Global-Badezimmer sein.

Schöne, handbemalte Kacheln aus Portugal, Spanien oder Italien erhalten Sie im Fachhandel. Diese dekorativen Kacheln erinnern an einen märchenhaften Innenhof am Mittelmeer, der es Ihnen sofort wärmer ums Herz werden läßt.

Diese schönen Kacheln beschwören nicht nur Bilder ferner Länder herauf, ihre raffinierten Details werden auch die anderen Elemente des Raumes harmonisieren.

links Ein Laufrost aus einfachem Holz kreiert eine mediterrane oder kalifornische Strandhausatmosphäre. Der Kontrast zu dem strahlenden Blau des Fußbodens macht diesen Look perfekt.

rechts Kräftige Farben passen überraschend gut in das Global-Badezimmer. Hier wird Farbe geschickt eingesetzt. Die Wandfarbe kontrastiert mit hellen roten und gelben Blumen in einer Vase, die den gleichen Blauton aufgreift.

oben Diese glasierten Kacheln werden sehr schön durch das intensive Gelb der Wand über ihnen ergänzt. Das Waschbecken mit derart exotischen Kacheln einzurahmen, löst außerdem das Problem, daß ein Waschbecken so auffällig in den Raum hineinragt, wie es bei Badeinrichtungen oft der Fall ist. Stattdessen scheint das Waschbecken harmonisch in die restliche Innendekoration eingegliedert zu sein.

rechts Wählen Sie auffällige Kacheln. Hier ist es das tiefblaue Motiv auf weißem Hintergrund, das einen starken Kontrast zu der gelben Wand bildet. Der Fugenkitt zwischen den Kacheln kann als Zusatzeffekt eingefärbt werden.

Accessoires

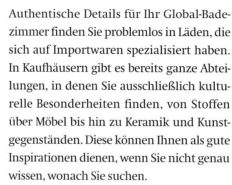

Authentische Details für Ihr Global-Badezimmer finden Sie problemlos in Läden, die sich auf Importwaren spezialisiert haben. In Kaufhäusern gibt es bereits ganze Abteilungen, in denen Sie ausschließlich kulturelle Besonderheiten finden, von Stoffen über Möbel bis hin zu Keramik und Kunstgegenständen. Diese können Ihnen als gute Inspirationen dienen, wenn Sie nicht genau wissen, wonach Sie suchen.

Da viele Menschen aus anderen Ländern zu uns übersiedeln, bringen sie ihre Kultur mit. Unser eigener Geschmack und unsere Ideen werden durch ihre Mode und ihre Einrichtungen beeinflußt. Sollte es in Ihrer Nähe eine dominante Kulturgruppe geben, schauen Sie sich auf deren Märkten und Läden nach Dingen um, die vielleicht in Ihrem Bad phantastisch aussehen würden.

EXOTISCHE BILDER
Einige der Details sind eventuell echte Antiquitäten, wie in alten Zeiten, als die Leute viele Souvenirs von ihren großen Weltreisen mit nach Hause brachten. Schauen Sie sich in Antiquitätenläden, Secondhandshops und auf Auktionen um. Selbst Kleinanzeigenblätter können eine lohnende Quelle sein; frei nach dem Motto: Des einen Müll, des anderen Schatzgrube.

EIN ENGES BUDGET
Wenn Sie mit einem engen Budget arbeiten müssen, geraten Sie nicht in Panik, seien Sie erfinderisch. Die einfachsten, alltäglichsten Dinge können wirklich beeindruckend aussehen, sobald Sie auf eine interessante Art arrangiert worden sind.

Fundsachen wie Muscheln, Treibholz und alte Fischernetze eignen sich hervorragend für den Strandhauslook. Bedenken Sie, daß es nur weniger Objekte und einer ausgeprägten Farbe an den Wänden bedarf, um Ihr Badezimmer auf den Weg in eine neue Identität zu bringen.

EINE ANDERE KULTUR
Studieren Sie die Kunst und Architektur einer anderen Kultur - in Büchern oder beim Shopping. So können Sie viel über diese Kultur lernen und dieses dann auf Ihr Badezimmer übertragen. Sind die Holzgegenstände z.B. aus hellem oder dunklem Holz? Sind sie geschnitzt oder bemalt? Sind die Keramiken grob oder fein? Sind sie sehr bunt oder subtil bemalt?

Wählen Sie, was Sie inspiriert, und übertragen Sie es auf Ihr Bad. Fädeln Sie z.B. Glasperlen verschiedener Farben und Größen auf und hängen Sie diese Ketten dann vor Ihr Fenster. So zaubern Sie eine wundervoll orientalische Stimmung voller exotischer Bilder. Füllen Sie Ihren Raum mit vielfarbigem Licht und dem leisen Klirren der sich durch den Luftzug berührenden Perlen.

oben links Vernachlässigen Sie nichts bei Ihren Accessoires. Selbst etwas so Gewöhnliches wie ein Zahnputzbecher gibt einen wichtigen, letzten Schliff.

unten links Eine intensiv türkisfarbene Schale mit Seifen ergibt einen interessanten Blickfang.

oben links Das tiefe Terrakotta der Wand ist ein beeindrukkender Hintergrund. Andere Dinge im Vordergrund nehmen das gleiche Farbthema gut auf.

oben Das Spiegelschränkchen wurde für diesen Effekt abgeschliffen, gebeizt und gestrichen.

Aufmessen

Bei Bädern ist die Kalkulation des benötigten Renovierungsmaterials schwierig. Machen Sie einen maßstabsgetreuen Grundriß mit den Einbauten, d.h. Badewanne, Dusche, Waschbecken, WC etc..

Latex oder gummierte Teppichböden sind leicht zu handhaben und einfach zu schneiden. Machen Sie sich eine Notiz über die Rollenbreite des zu bestellenden Materials, und wieviele Male Sie diese Breite nebeneinander brauchen, um die breiteste Stelle Ihres Badezimmers auszufüllen, und dann können Sie die insgesamt benötigte Menge ausrechnen.

Für Fußbodenfliesen messen Sie die gesamte Bodenfläche inklusive WC oder Waschbeckenfuß. Um die Anzahl zu ermitteln, teilen Sie die m²Gesamtfläche durch die m²Fläche einer Kachel und fügen Sie 10% für Verschnitt hinzu.

FARBEN

Im Badezimmer sollten Sie abwaschbare Farbe benutzen, die gegen Kondensationsfeuchtigkeit resistent ist, nämlich Seidenmattfarbe oder Lack.

Für ein Badezimmer normaler Größe brauchen Sie nur wenig Farbe. Standardfarbtöpfe beginnen bei 500 - 1000ml.

Multiplizieren Sie die Höhe und Breite jeder Wand und addieren sie zusammen.

MENGENSCHÄTZUNG

Um die Farbmengen für einen Raum zu berechnen, sollten Sie :

1 Eine einfache Skizze des Raumes anfertigen.

2 Teilen Sie die Wände in einfach zu berechnende Abschnitte, über der Tür, unter dem Fenster usw..

3 Multiplizieren Sie die Höhe mit der Breite jedes Abschnitts.

4 Addieren Sie alles.

• Für Standardfenster multiplizieren Sie die Breite des Gesamtrahmens mit seiner Tiefe und kalkulieren sie wie eine größere Fläche. Für große Panoramafenster ziehen Sie 50% ab.
• Für Metallfenster ziehen Sie 25% ab.
• Für glatte Türen multiplizieren Sie die Höhe der Tür mit der Breite und addieren 10% für die Kanten hinzu.
• Für eine getäfelte Tür addieren Sie 25% hinzu. Eine kleine Menge Farbe sollte für spätere Nachbesserungen in einem Schraubglas aufbewahrt werden.

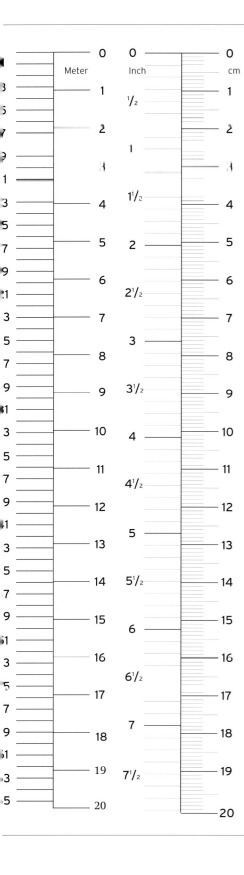

WANDKACHELN

Keramikkacheln sind der perfekte Schutz vor Wasser und werden daher überwiegend dort verwendet, wo viel Wasser benutzt wird, z.B. im Badezimmer.

VERMEIDUNG VON WASSER SCHÄDEN

Lücken hinter Waschbecken und Badewanne zu schließen, ist sehr wichtig. Benutzen Sie Silikonmasse oder eine Plastikabschlußleiste, die mit dem mitgelieferten Kleber oder mit klarem Silikon befestigt wird. Vielleicht gibt es Keramikstücke oder Eckkacheln in passenden Farben. Kleben Sie diese mit wasserfestem Kleber an die Wand und dichten sie zur Badewanne oder zum Waschbecken hin mit Silikon ab.

DUSCHKABINEN

Sollten Sie eine dritte Wand für die Duschkabine benötigen, dann sollten Sie Schiffsholz auf einem Rahmen aus imprägnierten Leisten verwenden. Das Schiffsholz ist feuchtigkeitsunempfindlich. Benutzen Sie nur wasserfesten Kleber und Kitt.

Bei Duschkabinen ist es am wichtigsten, daß alle Fugen dicht sind, besonders dort, wo die Kacheln auf die Duschwanne treffen. Die Duschwanne muß stabil und unflexibel sein, und die aufeinandertreffenden Kanten müssen vollständig trocken sein, bevor Sie die Dichtungsmasse auftragen.

Benutzen Sie entweder farblose Silikonmasse oder eine Farbe, die der Farbe der Duschwanne ähnlich ist. Lassen Sie die Dichtungsmasse komplett aushärten, bevor Sie die Dusche benutzen.

AUFTRAGEN DER DICHTMASSE

Die Dichtungsmasse so aufzutragen, daß alle Lücken vollständig gefüllt sind, ist eine schwierige Aufgabe. Einige Kartuschen ha-

MENGENBERECHNUNG VON KACHELN

Aufmessen für Keramikkacheln bedarf besonderer Konzentration. Zuerst müssen Sie bestimmen, welche Kachelgröße Sie verwenden wollen. Standardkacheln sind 100mm oder 150mm. Es gibt zahlreiche größere Kachelarten und andere Formen, wie Rechtecke oder Rauten etc.. Bedenken Sie zuerst, wie viele Randkacheln (mit einer glasierten Kante) Sie für Außenkanten oder um die Fenster herum brauchen werden. Bestellen Sie genügend Kacheln. Für eine genaue Zahl zeichnen Sie die Wände auf kariertes Papier, wobei ein Quadrat einer Kachel entsprechen sollte. Multiplizieren Sie nun die horizontale mit der vertikalen Anzahl der Kacheln und addieren 10% für Verschnitt hinzu.

Schreiben Sie sich nun die genaue Anzahl an Standardkacheln auf, plus die Randkacheln und stellen Sie sicher, daß Ihre Bestellung aus einer Farbserie kommt. Es ist nicht ratsam Kacheln von verschiedenen Händlern zu kaufen, da immer kleine Abweichungen in der Farbe durch den Brennprozess entstehen können.

ben einen geschwungenen Applikator, der hilft, die Masse perfekt aufzutragen. Wenn Sie einen geraden Applikator haben, kleben Sie besser zwei Streifen Kreppband ober- und unterhalb der von Ihnen gewünschten Linie. Dann wird Ihre Linie garantiert gerade. Tragen Sie die Masse zwischen den beiden Streifen auf. Wenn sie noch feucht ist, gehen Sie mit einem angefeuchteten Finger schnell über die Linie und formen sie exakt. Als nächstes entfernen Sie das Kreppband und haben nur die exakt geformte Dichtungsmasse. Sollte etwas Dichtungsmasse daneben geraten sein, schneiden Sie diese mit einem Messer gerade.

Agrob-Buchtal GmbH, Servaisstr. 9,
53347 Alfter-Witterschlick, Tel. 0228/3910
Alape Werke, 38644 Goslar/Hahndorf, Tel. 05321/5580
Amtico International GmbH, Im Taubental 11
41468 Neuss-Grimmlinghausen, Tel. 02131/33038
Arbonia AG, Industriestr. 23,
CH-9320 Arbon, Tel. 0041/71469161
Artemide GmbH, 40724 Hilden, Tel. 02103/200025
Art-Line Wohndecor GmbH,
Postfach 3151, 50146 Kerpen, Tel. 02273/909522
Authentics, Vertrieb über Artipresent GmbH,
71088 Holzgerlingen, Tel. 07031/68050
Bäderecke Stöffler GmbH, Hofwiesenstr. 20, 74081 Heilbronn, Tel. 07131/54400
Bäderparadies Behrend, Hamburg, Tel. 040/4806030
Baulmann Leuchten GmbH, Selscheder Weg 24, 59846 Sundern, Tel. 02933/8470
Bette GmbH & Co. KG, Heinrich-Bette-Str. 1, 33129 Delbrück, Tel. 05250/511-0
B+S Finnland Sauna, Postfach 1138,
48232 Dülmen, Tel. 02594/9650
Brosza, 44532 Lünen, Tel. 02306/13916
Ceramica Dolomite, über Bauer & Geiger,
79098 Freiburg, Tel. 0761/207050
Conran Stilwerk, Große E1bstraße 68,
22767 Hamburg, Tel. 040/30621322
Corian, über Kohtes & Klewes,
40549 Düsseldorf, Tel. 0211/95410
Crabtree & Evelyn, Accessoires, Robert-Bosch-Str. 1
86899 Landsberg, Tel. 08191/92340
DAL Georg Rost & Söhne,
32438 Porta Westfalica, Tel. 0571/79510
d.b. das bad Gesellschaft m.b.H.,
A-5322 Salzburg-Plainfeld, Tel. 0043/6229-26780
Dornbracht, Armaturen, Postfach 1454,
58584 Iserlohn, Tel. 02371/4330
Düker Eisenwerke, Postfach 1260,
97753 Karlstadt, Tel. 09353/7919
D-Tec Industriedesign GmbH,
Telleringstr. 5, 40597 Düsseldorf, Tel. 0211/996940
Duravit AG, Sanitärkeramik, Werderstr. 36,
78132 Hornberg, Tel. 07833/700
Duscholux, D+S Sanitärprodukte GmbH
69198 Schriesheim, Tel. 06203/1020
Emco Accessoires Erwin Müller GmbH + Co.,
49803 Lingen, Tel. 0591/91400
Engers Keramik GmbH,
Postfach 210140, 56538 Neuwied, Tel. 02622/70070
Erfurt & Sohn, Postfach 230103,
42391 Wuppertal, Tel. 0202/6110219
Ferrum Objekte Wolfgang Kreis,
Magirusstr. 218, 70469 Stuttgart, Tel. 0711/1353830
Friatec AG, Spülkästen, Steinzeugstr.,
68229 Mannheim, Tel. 0621/4860
Geberit GmbH, Postfach 1120,
88617 Pfullendorf, Tel. 07552/93401
Gerloff + Söhne, Postfach 1367,
37253 Eschwege, Tel. 05651/927792
Giese, Postfach 1555, 58585 Iserlohn, Tel. 02371/8056
Glamü Sanitärprodukte GmbH,
Mobilstr. 2, 79423 Heitersheim, Tel. 07634/5200
Grohe, Friedrich Grohe AG,
Postfach 1361, 58653 Hemer, Tel. 02372/930
Hagri GmbH, Montebruchstr. 1-19,

45219 Essen, Tel. 02054/12000
Hansa Metallwerke AG,
Sigmaringer Str. 107, 70567 Stuttgart, Tel. 0711/16140
Hansgrohe, Postfach 1145,
77757 Schiltach, Tel. 07836/510
High Tech Vertriebs GmbH, Waschtische,
Landsberger Str. 146, 80339 München, Tel. 089/5409450
Hobasteel GmbH, Beuler Höhe 9,
45525 Hattingen, Tel. 02324/27051
Hoesch Metall + Kunststoffwerk,
Postfach 100424, 52304 Düren, Tel. 02422/540
Hofbergers Meisterwerkstätten,
Bergstr. 10, 82024 Taufkirchen, Tel. 089/6121222
Hohlberg, Gerhardstr. 1,
45892 Gelsenkirchen, Tel. 0209/71095
Hüppe GmbH & Co., Industriestr. 3,
26158 Bad Zwischenahn, Tel. 04403/670
Ideal-Standard, Komplettausstatter, Postfach 1809,
53008 Bonn, Tel. 0228/5210
IDL, Chemnitzer Str. 19,
09212 Limbach-Oberfrohna, Tel. 03722/630100
JAB Anstoetz GmbH, Potsdamer Str. 160,
33719 Bielefeld, Tel. 0521/20930
Jasba GmbH, Im Petersborn 2,
56244 Ötzingen, Tel. 02602/6820
Jörger GmbH, Postfach 250125 Accessoires,
68163 Mannheim, Tel. 0621/4109701
Jürgensen Bäder GmbH & Co. KG,
Buntentorsteinweg 29, 28201 Bremen, Tel. 0421/555031
Kama Bad GmbH & Co. KG, Postfach
66, 91168 Greding, Tel. 08463/90110
Keramag AG, Kreuzerkamp 11,
40878 Ratingen, Tel. 02102/9160
Kermi GmbH, Pankofen-Bahnhof 1
94447 Plattling, Tel. 09931/501135
Keuco GmbH & Co. KG, Oesestr. 36,
58675 Hemer, Tel. 02372/9040
Kienle GmbH, Glasduschen, Fuggerstr. 6,
51149 Köln, Tel. 02203/93490
Kinnasand Interieur Textil GmbH,
Danziger Str. 6, 26655 Westerstede, Tel. 04488/5160
Kiso GmbH, Hartsiecker Weg 39,
32584 Löhne, Tel. 05731/8864
Kludi-Scheffer, Am Vogelsang 31,
58706 Menden, Tel. 02373/9040
Koralle-Coretta, Nidderstr. 10,
63697 Hirzenheim, Tel. 06045/6050
Koralle Sanitärprodukte GmbH,
32602 Vlotho, Tel. 05733/140
Korzilius Söhne Vertriebs GmbH,
Krugbäckerstr. 3, 56424 Mogendorf, Tel. 02623/6090
La Difference, Untere Gasse 13,
71739 Oberriexingen, Tel. 07042/98286
Laufen, Sanitärartikel-Vertrieb über Duravit AG,
78128 Hornberg, Tel. 07833/700
Lido Dusch-Abtrennungen GmbH & Co. KG,
Würzburger Str. 13, 63875 Mespelbrunn, Tel. 06092/6090
Linie B, Exclusive Accessoires, Martine Vollmer
36012 Fulda, Tel. 0661/9796200
Maison Int. Einrichtungen GmbH & Co.,
Klosterstr. 17, 33428 Marienfeld, Tel. 05247/80068
MAISON, Theodor-Heuss-Ring 2,
58636 Iserlohn, Tel. 02371/24103
Marmor Schubert GmbH Badaustatter,

85051 Ingolstadt, Tel. 0841/974740
Meier, Wilhelm Meier GmbH, Badeinrichtungen,
Lange Str. 86, 44532 Lünen, Tel. 02306/2025511
Merati, über Kausch baden+wohnen,
Grötzinger Str. 42, 76227 Karlsruhe, Tel. 0721/498794
Meissen Keramik GmbH, Fabrikstr. 9
01662 Meissen, Tel. 03521/722100
Meusch GmbH, Postfach 99,
53542 Linz/Rhein, Tel. 02644/56020
MHZ Hachtel GmbH + Co.,
Sindelfinger Str. 21, 70771 Stuttgart, Tel. 0711/97510
Michels, Bäder + Fliesen,
Untergath 174, 47805 Krefeld, Tel. 02151/542041
Nevobad, Komplettbäder, Agnes-Huenninger-Str. 2,
36041 Fulda, Tel. 0661/83380
Nicol-Möbel GmbH & Co. KG,
Ostring 48-50, 34277 Fuldabrück, Tel. 0561/580980
Nolff GmbH+Co. KG, Lindenstr. 9-15
71540 Murrhardt, Tel. 07192/2110
Nya Nordiska, Am Ratwiesen,
29446 Dannenberg, Tel. 05861/8090
Obermaier Bäder, Stilbäder und Accessoires,
80333 München, Tel. 089/48000630
Heinrich Pelzing, Hugo-Schulz-Str. 14,
58640 Iserlohn, Tel. 02371/97900
Peters GmbH, Glasgestaltung, Am Hilligenbusch 23
33098 Paderborn, Tel. 05251/670856
Protech Vertriebs-GmbH, Bärenbronn 34,
71543 Wüstenrot, Tel. 07945/91190
Rapsel GmbH, Vogelsangstr. 31,
82178 Puchheim, 089/8006610
SCS Design Werkstätte & Handelsgesellschaft
98631 Römhild, Tel. 036948/8316
Seca Meß- & Wiegetechnik, Vogel & Halke
22089 Hamburg, Tel. 040/2000000
Sekanta, Hafenstr. 69, 48432 Rheine, Tel. 05971/6105
SOL Lichtobjekte, Lindenstr. 22,
87493 Lauben/Heising, Tel. 08374/25301
Solo-Möbelsysteme Design & Production
30171 Hannover, Tel. 0511/282176
Staudenmayer, Brühlstraße 43,
73084 Salach, Tel. 07162/40920
Stepper, Fachastr. 10, 85232 Bergkirchen, Tel. 08131/85071
Steuler design, Steuler Fliesen GmbH,
Postfach 1255, 75402 Mühlacker, Tel. 07041/801110
T + L Keuco GmbH & Co. KG,
Postfach 3152, 33621 Gütersloh, Tel. 05241/9740
TT-Form, Borkener Str. 16, 46348 Raesfeld, Tel. 02865/8544
Ucosan GmbH, Postfach 1344,
63113 Dietzenbach, Tel. 06074/85200
Vaillant, GmbH & Co., 42859 Remscheid, Tel. 02191/180
Völkel Bad GmbH, Badausstatter,
80331 München, Tel. 089/2604773
Villeroy & Boch AG, 66688 Mettlach, Tel. 06864/810
Weishaupt, Max Weishaupt GmbH,
88475 Schwendi, Tel. 07353/830
Zehnder-Beutler GmbH, Heizkörper, Almweg 34,
77933 Lahr, Tel. 07821/5860
Zierath GmbH, Hamburger Str. 19,
49124 Georgsmarienhütte, Tel. 05401/86820
Zimmer + Rohde GmbH & Co. KG,
61440 Oberursel, Tel. 06171/63202
Zöpnek, Barendorfer Bruch,
58640 Iserlohn, Tel. 02371/944894

Index

Accessoires 19
City 44 - 45
Global Stil 74 - 75
Landhaus 34 - 35
Minimalismus 54 - 55
Shaker Stil 64 - 65
Traditionell 24 - 25
Aufmessen 76-7

Badewanne 16, 17, 22, 25, 47, 48, 49, 52, 68
Badezimmerausstattung 16
Beheizbare Handtuchhalter 18
Bilder 45, 53, 55, 58, 59
Blechdosen 60, 64
Blumen und Pflanzen 18, 24, 25, 26, 27, 28, 29, 30, 31, 35, 66 - 67
Brücken - Teppiche 23, 28, 32, 63, 66, 69
Buntglasfensterscheiben 20

City Stil 36 - 45

Decken 26, 30, 50
Deckenstrahler 15
Details
City 38 - 39
Global 68 - 69
Landhaus Stil 28 - 29, 34 - 35
Minimalismus 48 - 49
Shaker 58 - 59
Traditionell 18 - 19
Drillich 30
Duschkabinen 77
Duschmischbatterie 28

Eckschränkchen 34
Einbauten und Armaturen 16, 24 - 25, 26, 30, 36, 44, 48, 54 - 55
Einrichtungsgegenstände 18, 25, 26, 28, 34, 46, 56, 59, 64, 66, 69
Erfindungen 18

Farben 11, 76
Farben 17, 22 - 23, 29, 36, 37, 40, 42, 46 - 47, 50, 51, 59, 62, 63, 66, 67, 68, 70, 72 - 73
Fenster 20, 30, 31, 40, 50, 60, 61, 62, 70, 71
Fußböden 12 - 13, 22, 23, 26, 32, 40 - 41, 52, 55, 62 - 63
Fußbrett 72

Gardinen 20, 21, 26, 30, 31, 40, 41, 66, 67, 70
Gästebadezimmer 36
Geräumigkeit 46, 47, 48, 49, 51, 52
Glas 38, 40, 48, 49, 50
Global 66 - 75

Hakenbretter 56, 57, 62
Heizkörper 18, 25, 53
Holzfensterläden 70
Holzfußböden 12, 22, 26, 32, 63

Industrieller Gummifußboden 42

Kacheln 40, 42, 72, 73
Fußboden 12, 13, 22, 25, 52, 76
Mosaik 10, 39, 40, 52, 54 - 55
Rand 37, 43
Wand 10 - 11, 22, 33, 58, 63, 68, 77
Kelims 23, 52, 66, 68, 69
Kerzen 17, 19, 50, 60, 68, 69, 70,
Kommoden 46, 48, 56, 57, 62 - 63, 64
Körbe 29, 58, 64, 65
Korkfußboden 13

Landhaus 26 - 35
Leuchtstoffröhren 15, 40
Licht und Beleuchtung 14 - 15
City 36, 40 - 42
Global 70 - 71
Landhaus 30 - 31
Minimalismus 50 - 51, 55
Shaker 60 - 61
Traditionell 20 - 21
Linoleum 13, 52, 53, 62
Luffaschwämme 38, 39

Marmorfußboden 12, 13
Marmorieren 22
Matten 32, 52, 66 - 67 rutschfeste 12
Minimalsimus 46 - 55
Mosaikkacheln 10, 38, 39, 52, 54 - 55

Oberflächen und Veredelung
City 42 - 43
Global 72 - 73
Landhaus 32 - 33
Minimalismus 52 - 53
Shaker 62 - 63
Traditionell 22-3

Paneele 11, 22, 26, 27, 33, 34, 52, 63
Porzellan 25
Potpourri 25

Raffen 20
Raumteiler 42
Regale 26, 27, 28, 29, 34, 38, 46, 48, 49, 58, 59, 68, 69 Glas 38, 50, 55
Röhrenbeleuchtung 15, 50
Rollos 21, 30, 50, 60, 70

Schablonentechnik 72
Schminktisch 58, 59, 64
Schränke 26, 30, 34, 44, 46, 48, 68, 69, Schränke 34, 69
Seife und Seifenschalen 19, 38, 39, 54, 66
Shaker 56 - 65
Sicherheit 14 - 15
Spiegel 14, 17, 18, 19, 30, 31, 34, 35, 40, 44, 46, 47, 48, 49, 50, 51, 60, 61, 70
Spielzeug 65
Spotlights 40, 50, 70
Spritzschutz 11, 38, 39

Stauraum 48, 53, 56, 58, 62 - 63,
Stühle 68, 69 Sprossenlehnen 58

Tapeten 10 - 11, 26, 32, 40, 50, 56, 59, 62, 63
Teppiche 13, 52, 63
Toiletten 16
Traditionell 7, 16 - 25
Tünchen 43, 72

Viktorianisch 7, 18, 24, 25, 26, 28, 30, 55, 58, 66

Vinylfußböden 12 - 13

Waschbecken 16, 19, 25, 35, 48, 49, 52, 54, 68, 69, 73
Waschtisch, Marmor 18, 54
Wasserhähne 28, 29, 38, 39, 44, 54, 55, 67
Wickeltechnik 72

Zahnputzbecher 44, 54

IMPRESSUM

Fotos: Peter Myers und Polly Wreford
Styling: Claudia Bryant, mit besonderem Dank an folgende Personen, die uns gestattet haben, Ihre Häuser und Arbeiten für dieses Buch zu fotografieren.

Andraos Hampson Associates, Architects : 12L, 42T
Annabel Bryant : 4TL, 5T, 24L, 44T, 44B, 74T, 74B,
Mrs Nadia Bryant : 6C, 9, 27, 28, 29TL, 29TR, 29BL, 29BR, 30T, 30B, 31, 32T, 32B, 33, 34L,35L
Green Architecture, Architects : 14L, 15L, 70B
David Greer/Andrew Halliday : 4BL, 6T, 12R, 20B, 22T
Hayloft Woodwork of Chiswick/Jan Raven and Max Hole : 59BR, 63L
Marion Lichtig, Interior Designer : 34R, 35R
Melissa Merryweather, Architect : 14R, 55, 72L
Munkenbeck and Marshall, Architects : 10L, 40B, 42B

Penny Morrison, Interior Designer : 2/3, 4TR, 11R, 19BR, 19TL, 23, 24R
Caroline Paterson, Interior Designer : 20T, 25R
The Portobello Hotel, London : 13R
William Pounds, Interior Designer : 45
Jan Ravens and Max Hole : 7C, 8, 10R, 11R, 15R, 57, 58, 59BL, 59TR, 59TL, 60B, 60T, 61, 62L, 62R, 63R, 64B, 64T, 65L, 65R
Louise Rees : 70T, 72R, 73B, 73T, 75L, 75R
Steven Ryan, Interior Designer : 71
Annie Stevens, Interior Designer : 13L, 17, 18, 19BL, 19TR, 21, 22B, 25L
Nancy Traversy/Lueck : 7B, 67, 68, 69TL, 69TR, 69BL, 69BR
Blumen von Wild at Heart

Die Originalausgabe erschien 1997 in Großbritannien in der Reihe „Home Library" bei Hamlyn für Marks & Spencer p.l.c., Baker Street, London, unter dem Titel „Bathrooms design styles".

© 1997 Reed International Books Limited
Deutschsprachige Ausgabe:
© 1998 Gräfe und Unzer Verlag GmbH, München /5 4 3 2 1
Printed in China

Projektleitung: Claudia Bruckmann
Übersetzung aus dem Englischen: akapit verlagsservice, Berlin
Redaktion und Satz: akapit verlagsservice, Berlin
Produktion: Jürgen Bischoff, Verena Römer
Umschlaggestaltung: Johanna Borde

ISBN 3-7742-4165-1